AF186269

Einleitung

Ziel ist es, einen kontinuierlichen Lern- und Kompetenzzuwachs im Unterricht zu sichern. Dazu sind gezielte Rückmeldungen und Lernimpulse für die Kinder erforderlich. Das vorliegende Heft „Testen und Fördern" ermöglicht eine regelmäßige Feststellung des Lern- und Leistungsstandes.

Eine gezielt ausgewählte Aufgabensammlung im Bereich der Eingangsdiagnostik unterstützt die Lehrkraft zu Beginn der Schulzeit oder bereits vor der Einschulung beim Erkennen von erforderlichen Basiskompetenzen, die für ein erfolgreiches Lernen im Mathematikunterricht eine Grundvoraussetzung darstellen. Daraus werden wesentliche Erkenntnisse für die Unterrichtsarbeit und für individuelle Fördermöglichkeiten abgeleitet.

Dann werden zu jedem Themenheft verschiedene Tests mit Selbsteinschätzungsmöglichkeiten für die Kinder angeboten. Die inhaltliche Gliederung in einzelne Seiten steht in engem Zusammenhang mit dem thematischen Aufbau der Themenhefte und den im Lernprozess durchlaufenen Stufen. Auf den einzelnen Testseiten ermöglicht unsere Auswahl und Reihenfolge der Aufgaben eine kompetenzorientierte und kleinschrittige Diagnose des Lernstands bzw. Lernerfolgs. Die zur Lösung der einzelnen Aufgaben jeweils erforderlichen Kompetenzen sind in den dazugehörigen Diagnosebögen benannt.

Bei jeder Aufgabe schätzen die Kinder in einer einfachen und für Grundschulkinder leistbaren Form durch Kennzeichnung einer der drei Smileys selbst ein, inwieweit ihnen die Bearbeitung gelungen bzw. schwer- oder leichtgefallen ist. Ihre Selbsteinschätzung und der Abgleich mit den auf dem Diagnosebogen dokumentierten Einschätzungen der Lehrkraft können als Grundlage für ein persönliches Rückmeldegespräch sowohl mit den Kindern als auch mit ihren Eltern genutzt werden. Dabei sollten die Beschreibung des individuellen Lernstands und Tipps für das weitere Lernen im Mittelpunkt stehen.

Die Diagnosebögen beinhalten auf der Grundlage der Lernstandsermittlung aufgaben- und somit kompetenzorientierte Hinweise für eine sinnvolle Weiterarbeit. Diese kann sowohl individuell im Rahmen selbstständiger Arbeit als auch begleitet in Lerngruppen erfolgen. Die Hinweise reichen von Vorschlägen für konkretes Handeln über Übungsmöglichkeiten mit der Lernsoftware bis zu benannten Kopiervorlagen (KV) aus der Kopiervorlagensammlung. Handlungsvorschläge werden durch die Kopiervorlagen aus den Lehrerhandreichungen (LKV) und die Kartonbeilagen unterstützt. Neben der gezielten Förderung leistungsschwächerer Kinder ist das gezielte Fordern leistungsstärkerer Kinder besonders berücksichtigt. Entsprechende Vorschläge sind mit einem Sternchen speziell gekennzeichnet (*).

Die Ermittlung des Lernstands mit diesem Heft „Testen und Fördern" ist schwerpunktmäßig ergebnisorientiert. Um z. B. bei auftretenden Lernschwierigkeiten differenzierte, prozessorientierte Erkenntnisse zu ermöglichen, stehen der Lehrkraft in den Handreichungen zum Unterricht für jedes Themenheft Beobachtungsbögen als Kopiervorlagen sowie in editierbarer Form als Worddokument (auf der dort beigefügten CD-ROM) zur Verfügung.

Gleiches finden und einkreisen

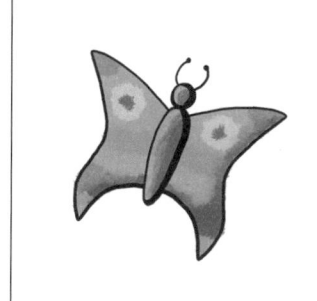 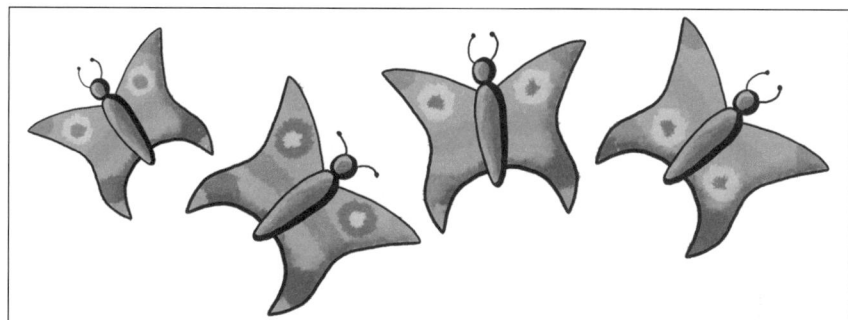

Mengen und Anzahlen zuordnen

1

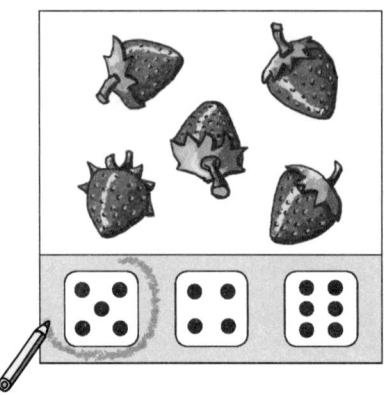 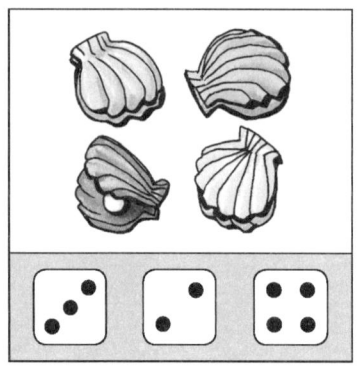 

2

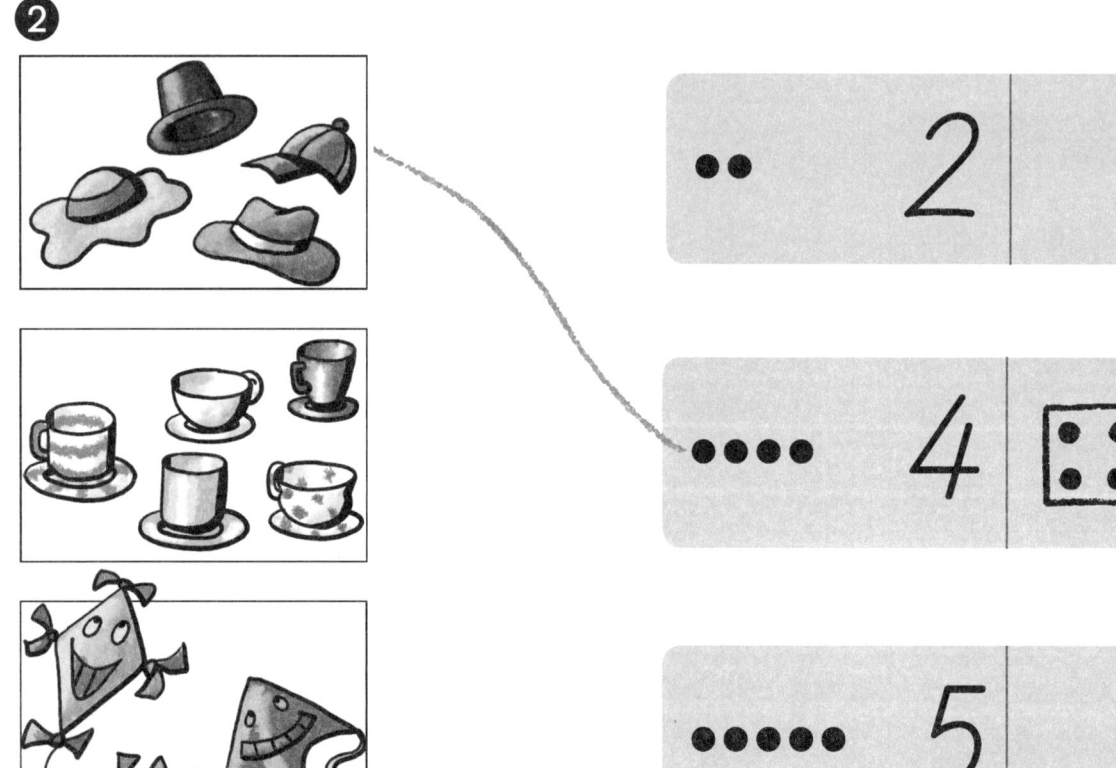

Mengenbilder und Zahlen in der richtigen Reihenfolge verbinden

1

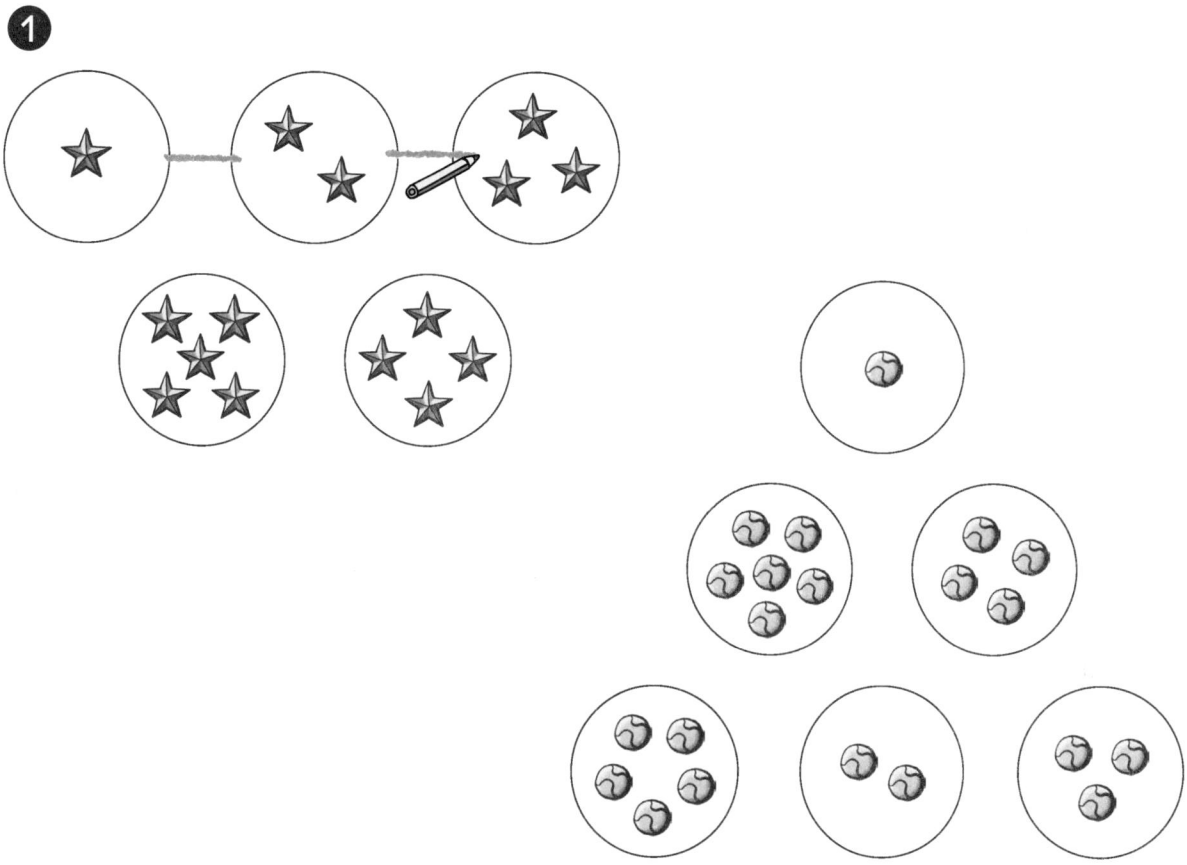

2

Grundformen erkennen und ausmalen

 1

 2

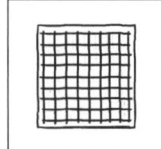
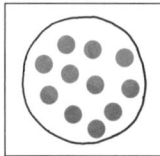

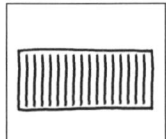

Reihen und Muster fortsetzen

❶

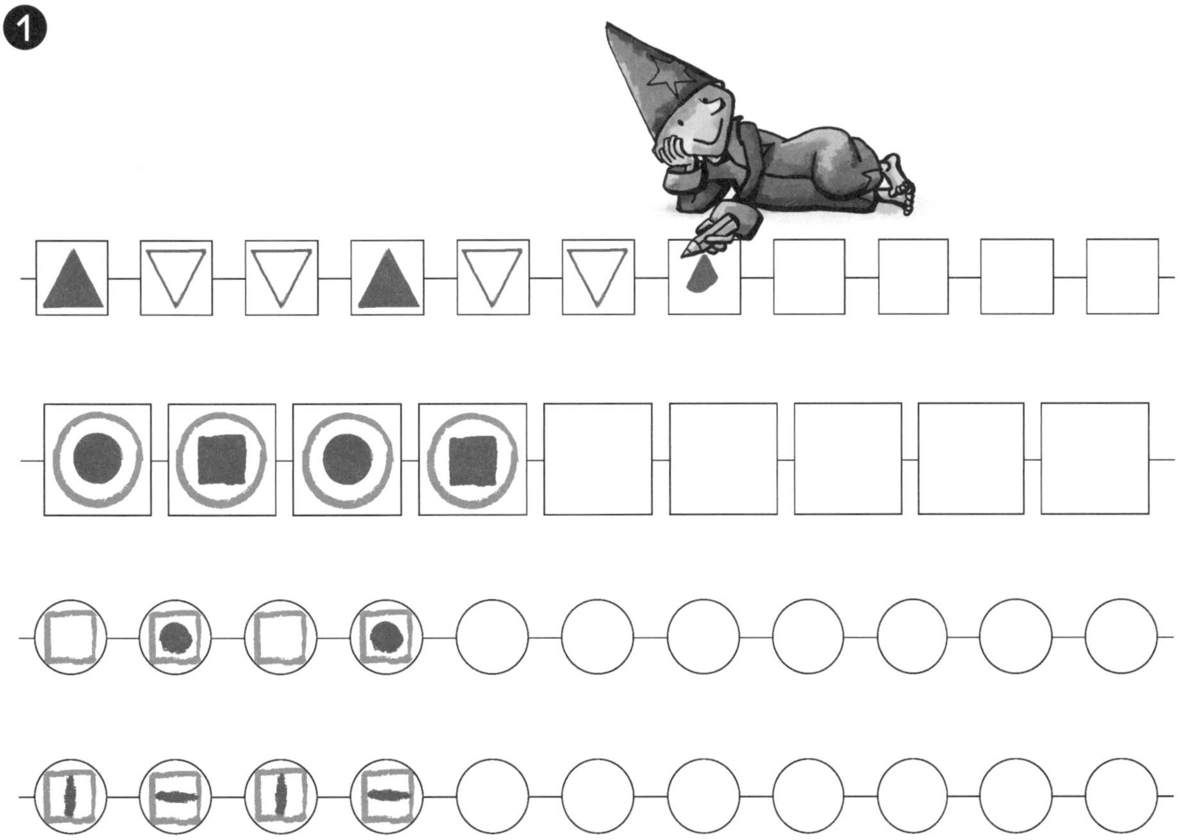

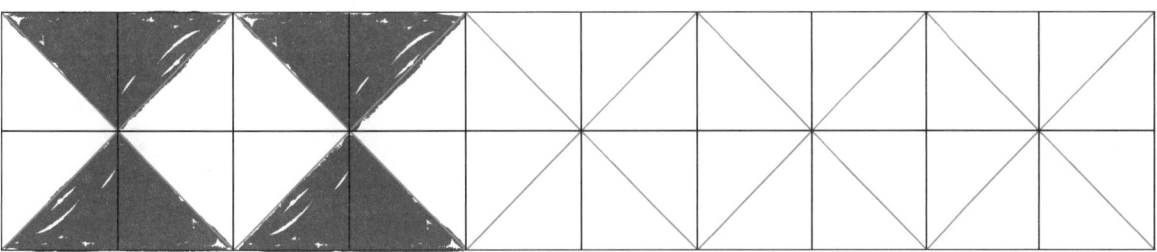

❷

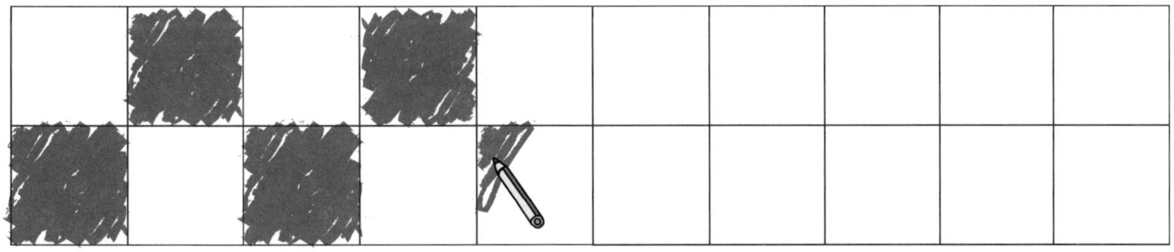

Wege und Körper finden

1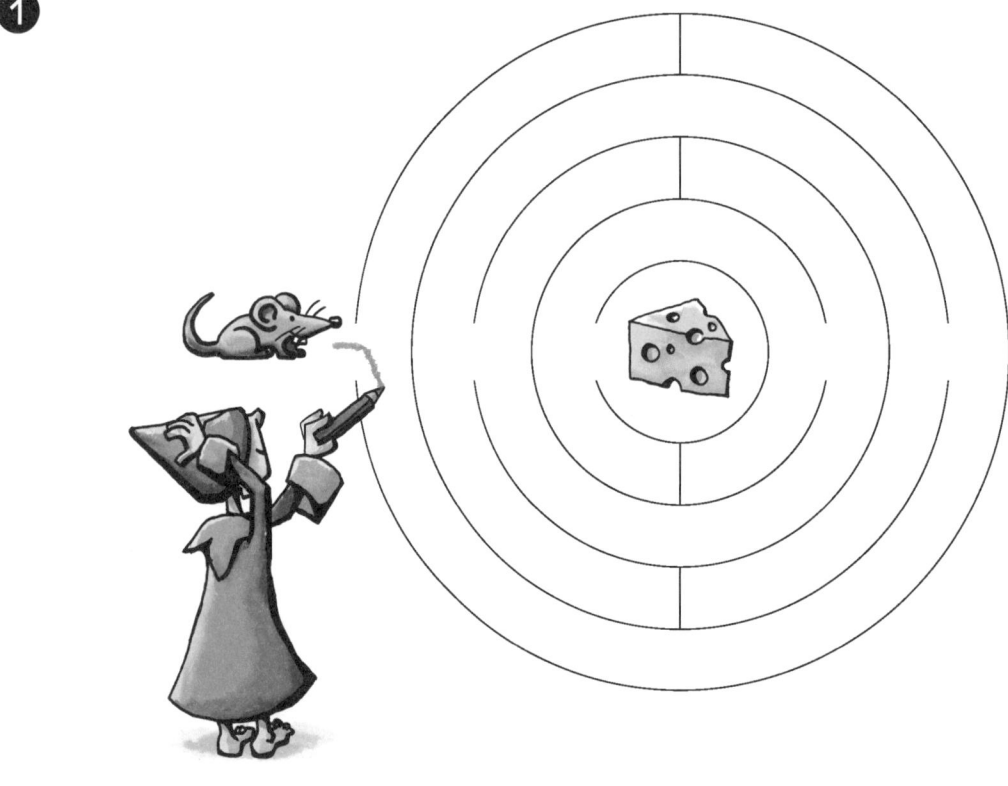

2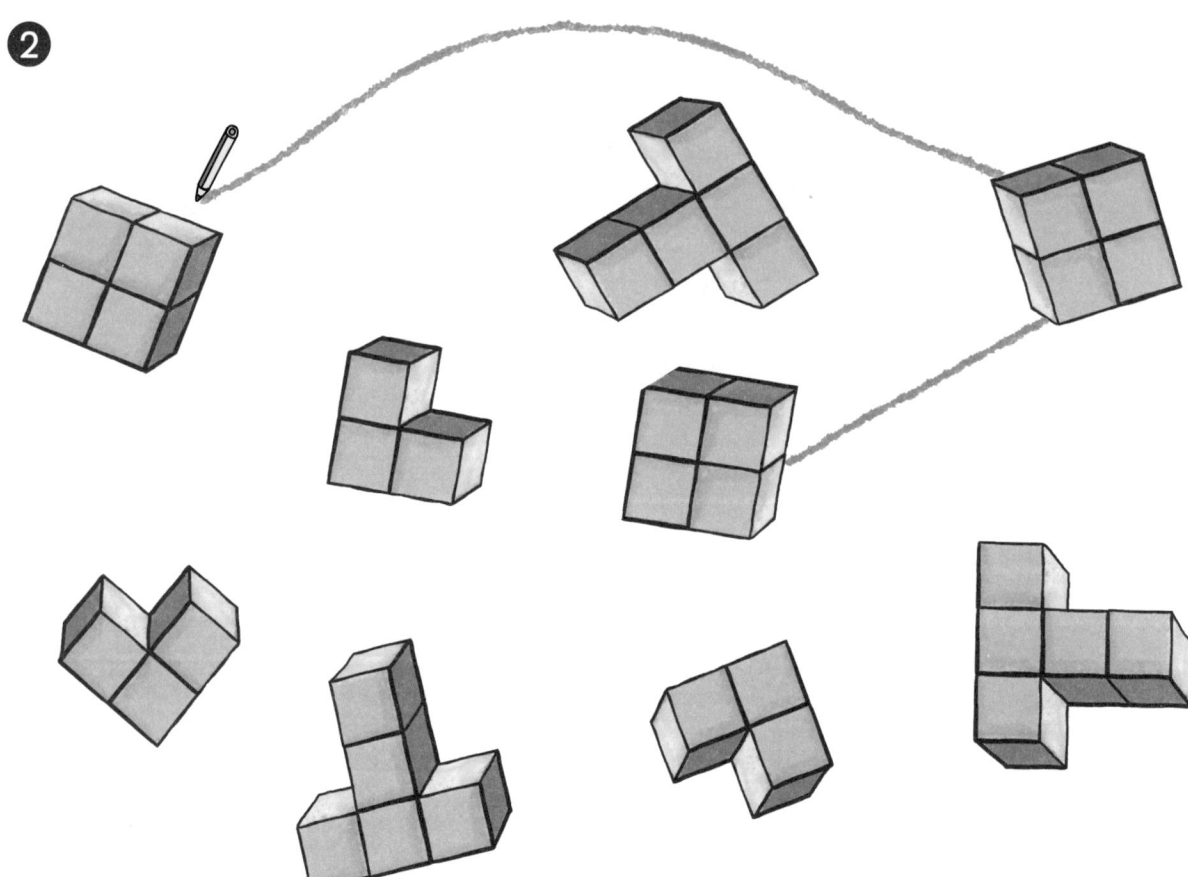

Eingangsdiagnosebogen

Heft „Der kleine Einstern – Mathematische Grunderfahrungen": Weitere Anregungen für die gemeinsame Arbeit in der Gruppe S. 63/64
Lernsoftware Interaktive Übungen: „Zählen bis 10", „Der Zahlenraum bis 10", „Flächen" und „Geometrische Körper"

s = sicher; **ü** = überwiegend sicher; **t** = teilweise; **n** = noch nicht

.... kann	s	ü	t	n	Förderhinweise; Forderhinweise*/Verwendung von Material Anregungen für Übungen	Weitere Seiten aus: „Der kleine Einstern"
Seite 3: Gleiches finden und einkreisen					• Personen oder Gegenstände im Raum mit ihren Eigenschaften (Größe, Farbe, Form, Zustand ...) beschreiben und erraten. Dabei auch Veränderungen durchführen und benennen. • Die Kinder betrachten zunächst vier bis sechs Gegenstände, die im Sitzkreis auf dem Boden liegen. Während anschließend ein Kind draußen ist oder mit dem Rücken zu den Gegenständen steht, werden ein bis zwei Gegenstände entfernt. Das Kind nennt anschließend nach genauem Betrachten die fehlenden Gegenstände. • Im Sitzkreis sind durch ein Tuch mehrere Gegenstände verdeckt. Nach kurzem Auf- und wieder Zudecken sollen die Kinder die in dieser kurzen Zeit erfassten Gegenstände benennen. • Ein bis drei Kinder stellen sich vor die Lerngruppe. Die Gruppe sieht sich diese Kinder genau an und schließt dann die Augen. Die Kinder vor der Gruppe verändern nun ihre Körperhaltung, ein Detail ihrer Kleidung oder ihrer Frisur. Die anderen Kinder öffnen die Augen wieder und nennen die Veränderungen. • Suchbilder wie auf Seite 7 oder Seite 18 aus: „Der kleine Einstern" lösen und ggf. selbst gestalten.*	Seiten 5 bis 19 Seiten 8*, 13*, 15*, 16*
Seite 4: Passendes Würfelbild einkreisen; Menge und Anzahl anordnen					• Die Punkte auf Würfelbildern (Würfel und Kartonbeilage) zählen. • Eine Anzahl von Gegenständen zum Würfelbild passend legen. • Vorgegebenen Mengen das passende Würfelbild zuordnen. • Gewürfelte Punkte in Schritte übertragen. • Eine größere Anzahl von Gegenständen strukturieren durch das Bündeln zu Teilmengen. (Mit bunten Fäden, Gummis, Seilen, ... Teilmengen von zwei oder drei oder ... Gegenständen „umlegen".)*	Seiten 37, 38, 40-46 Seiten 36*, 39*
Seite 5: Mengenbilder in aufsteigender Anzahl verbinden; Zahlen in der richtigen Reihenfolge verbinden					• Mit Würfelbildern (Würfel und Kartonbeilage) die Zahlenreihe vorwärts und rückwärts legen und lückenhafte Zahlenreihen ergänzen.	Seiten 47 bis 49 Seite 50*

...... kann	s	ü	t	n	Förderhinweise; Forderhinweise*/Verwendung von Material Anregungen für Übungen	Weitere Seiten aus: „Der kleine Einstern"
Seite 6: Grundformen erkennen und ausmalen					• Formenplättchen nach Größe, Form und Farbe ordnen. • Mit Formenplättchen beliebige Figuren legen. • Mit Formenplättchen vorgegebene Figuren auslegen/nachlegen. • Im Fühlsäckchen oder unter einem Tuch die verschiedenen Formenplättchen erfühlen und benennen.	Seiten 21, 22, 24, 26, 27 Seiten 23*, 25*
Seite 7: Reihen fortsetzen; Muster aus Quadraten, Rechtecken und Dreiecken fortsetzen					• Muster und Reihen legen, vorgegebene Muster und Reihen fortsetzen. • Perlenketten gestalten (mit freien oder vorgegebenen Mustern).	Seiten 28, 29 Seiten 20*, 31*
Seite 8: Einen Weg im Kreislabyrinth finden; Gleiche Bauwerke verbinden					• Verpackungsmaterial betrachten und ordnen. • Mit Verpackungsmaterialien bauen. • Mit quader- und würfelförmigen Bauklötzen frei bauen. • Mit Bauklötzen vorgegebene Bauwerke nachbauen.	Seiten 32 bis 34, 57, 58 Seiten 35, 59 bis 62

Test 1a: Mengen, Punkte- und Würfelbilder

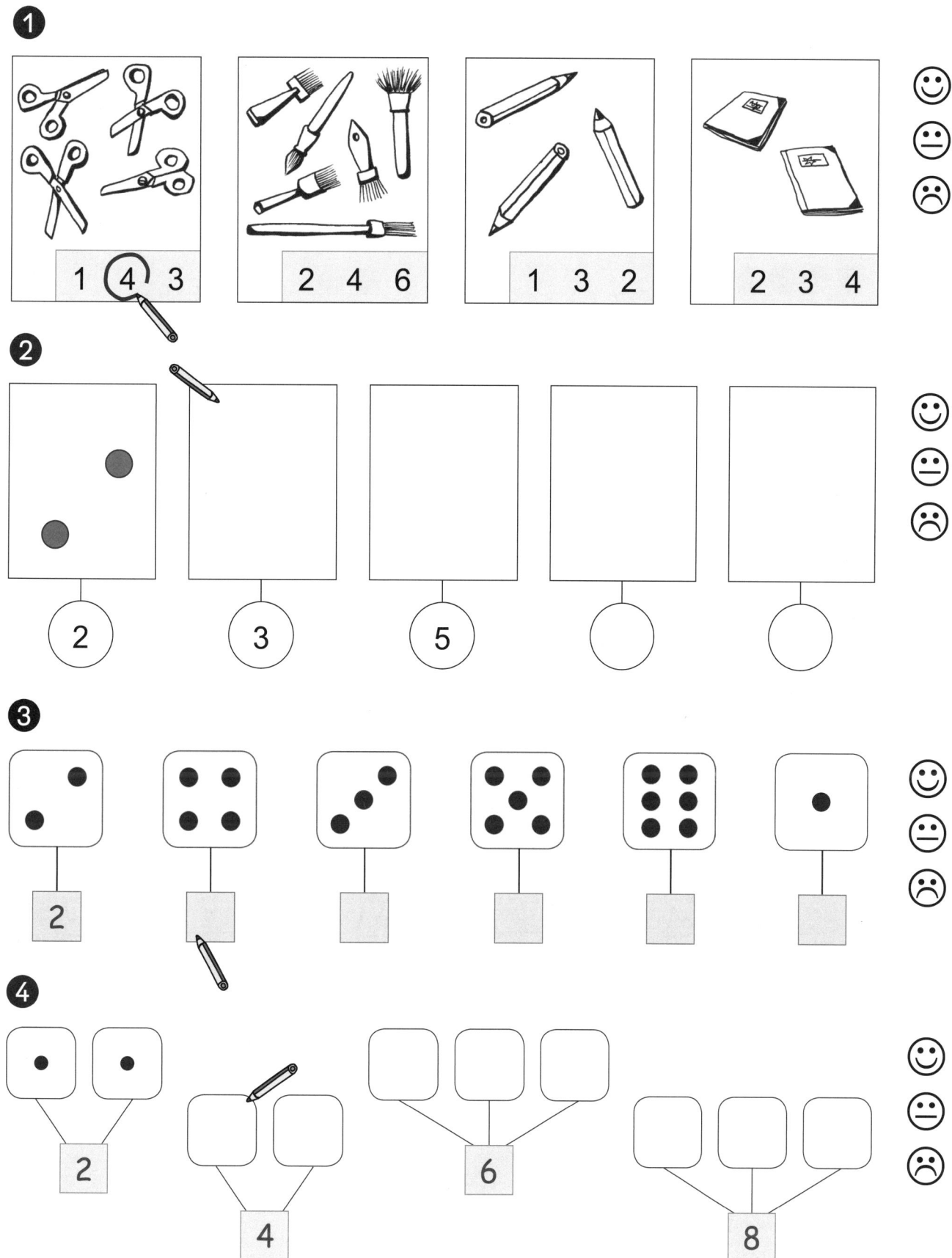

Wie kann ich die Aufgabe lösen?
☺ kann ich gut lösen; ☺ kann ich nur zum Teil gut lösen; ☹ kann ich nicht lösen

Test 1b: Anzahlen, Zahlenfolgen und Ordnungszahlen

1

😊 😐 ☹

2

😊 😐 ☹

3

| 1 | 2 | 3 | 4 | | |

| 6 | 7 | | 7 | 8 | |

| | 2 | | 5 | |

| 5 | | 7 | | | |

😊 😐 ☹

4

😊 😐 ☹

Wie kann ich die Aufgabe lösen?
😊 kann ich gut lösen; 😐 kann ich nur zum Teil gut lösen; ☹ kann ich nicht lösen

Test 1c: Zerlegungen, Größer-kleiner-Beziehung

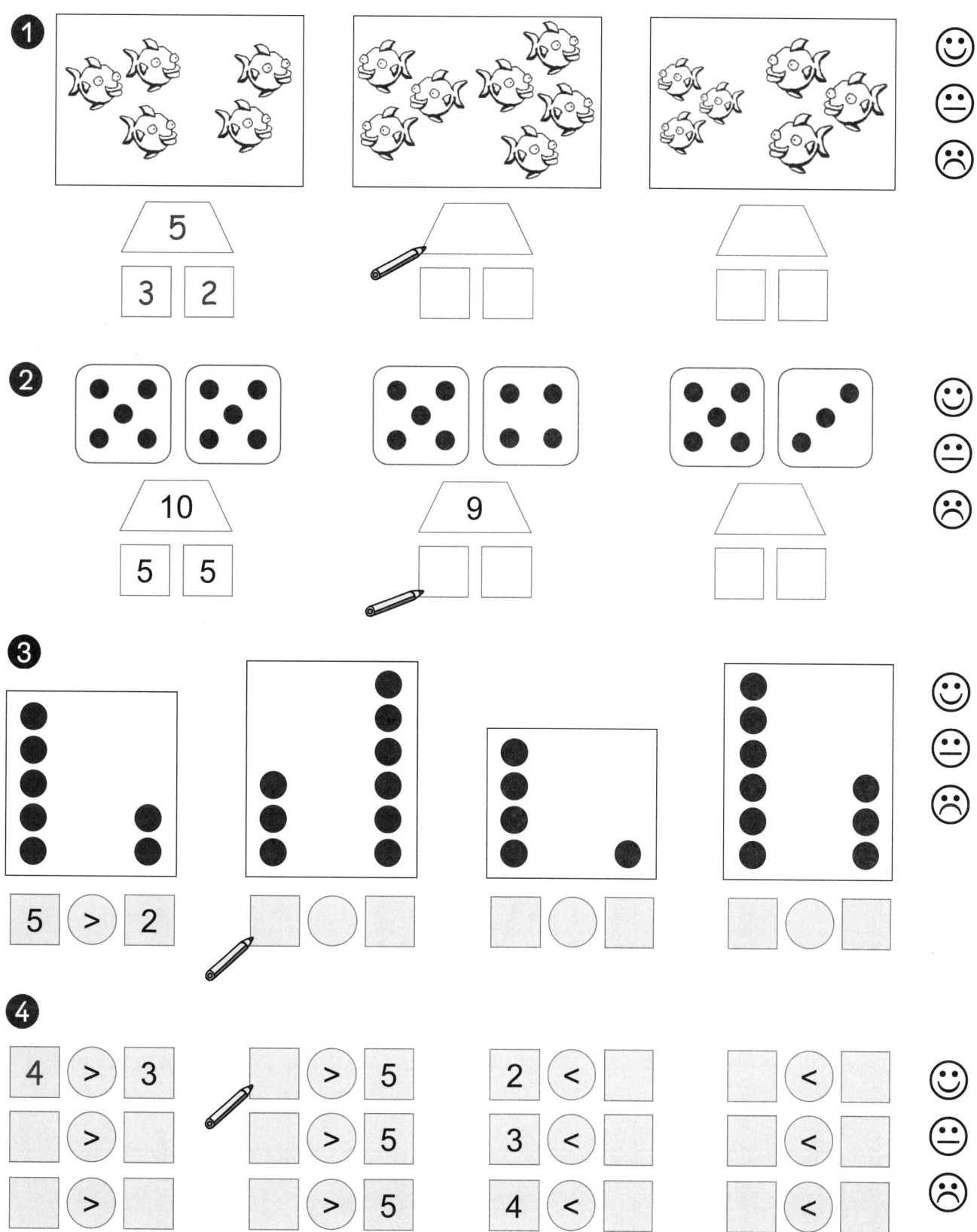

Wie kann ich die Aufgabe lösen?
☺ kann ich gut lösen; ☺ kann ich nur zum Teil gut lösen; ☹ kann ich nicht lösen

Diagnosebogen zu den Tests zum Themenheft 1

HRU: Allgemeine Hinweise, Anregungen für den Unterricht, individuelle Förderung, Arbeit im Plenum S. 56–73
Kompetenzraster Kom Ü1–Ü2; Kompetenzbögen Kom 1a–1e; Beobachtungsbögen BB 1a–1b; Tests 1a–1c; Lehrerkopiervorlagen (LKV) 1–16
Kopiervorlagen (KV) 1–37
Lernsoftware Interaktive Übungen: „Zählen bis 10" und „Der Zahlenraum bis 10"

s = sicher; **ü** = überwiegend sicher; **t** = teilweise; **n** = noch nicht

.... kann	s	ü	t	n	Förderhinweise; Forderhinweise*/Verwendung von Material	KV/LKV
Test 1 a)						
❶ Mengen im Zahlenraum bis 10 passende Anzahlen zuordnen					• Zahlen den Gegenständen (Gegenstände und Kartonbeilage Zahlenkarten) zuordnen • lineares Anordnen einer Menge ungeordneter Elemente (Plättchen und Kartonbeilage Wendeplättchen) • Lernsoftware: „Anzahl und Zahl zuordnen"; „Zählen, wie viele es sind"; „Zählen und Zeichen verwenden"	KV 5, KV 6, KV 8 KV 7*, KV 21* LKV 1
❷ Zahlen als Punktebilder darstellen					• mit Wendeplättchen legen sowie Zahlenkarten (Kartonbeilagen) zuordnen und umgekehrt • Lernsoftware: „Anzahl und Zehnerfelddarstellung zuordnen"	LKV 7
❸ Zahlen als Punktebilder darstellen					• Würfelbildern Zahlen zuordnen und umgekehrt (Würfel und Kartonbeilagen) • Punkte auf Würfelbildern (Würfel und Kartonbeilage) zählen	KV 2, KV 3 LKV 1
❹ Zahlen als Punktebilder darstellen					• Zahlzerlegungen mit Würfelbildern und Punktebildern (Würfel und Kartonbeilagen) legen • Lernsoftware: „Zerlegungen bilden"*	KV 28/2, KV 29/2 KV 31* LKV 10
Test 1 b)						
❶ Punktebildern Zahlen zuordnen					• Wendeplättchen zu Zahlenkarten (Kartonbeilagen) legen	KV 27 LKV 7
❷ strukturierten Punktebildern auf dem Zehnerstreifen Zahlen zuordnen					• Zahlen mit Wendeplättchen und Zehnerstreifen (Kartonbeilagen) legen • TH1/12* „Passende Anzahl ausmalen und selbst malen"	KV 27, KV 214 LKV 7
❸ Zahlen in Zahlenfolgen ergänzen					• Zahlenfolgen mit Zahlenkarten (Kartonbeilagen) bilden • Lernsoftware „Zahlenreihen ergänzen"; „Zahlen ordnen"*; „Vorgänger und Nachfolger bestimmen"* • TH 1/26*	KV 23 KV 22*, KV 232*

④ Ordnungszahlen Bildern mit einem Handlungsablauf zuordnen	• Handlungsabläufe beschreiben oder nachvollziehen	KV 24 KV 25*, KV 26* LKV 8, LKV 9
Test 1 c)		
① Zahlzerlegungen zu Mengendarstellungen bilden	• Zahlzerlegungen mit Gegenständen, Wendeplättchen und/oder Würfelbildern (Kartonbeilagen) nachvollziehen und bilden • Lernsoftware: „Zerlegungen bilden", „In Zahlenhäusern rechnen"* • TH 1/39*	
② Zahlzerlegungen zu Würfelbildern aufschreiben	• Zahlzerlegungen mit Gegenständen, Wendeplättchen und/oder Würfelbildern (Kartonbeilagen) nachvollziehen und bilden • Lernsoftware: „Zerlegungen bilden", „In Zahlenhäusern rechnen"*	KV 28, KV 29, KV 30 KV 31* LKV 10
③ Punktmengen vergleichen und die Ungleichungen aufschreiben	• Zahlenvergleiche mit Gegenständen, Wendeplättchen sowie Zahlenkarten und Relationszeichen (Kartonbeilagen) nachvollziehen • Lernsoftware: „Mengen vergleichen"	KV 32
④ Ungleichungen mit unterschiedlichen Vorgaben ergänzen	• Zahlenvergleiche mit Gegenständen, Wendeplättchen sowie Zahlenkarten und Relationszeichen (Kartonbeilagen) nachvollziehen • Lernsoftware: „Mengen vergleichen"	KV 32 KV 33*

Test 2a: Addition verstehen

1

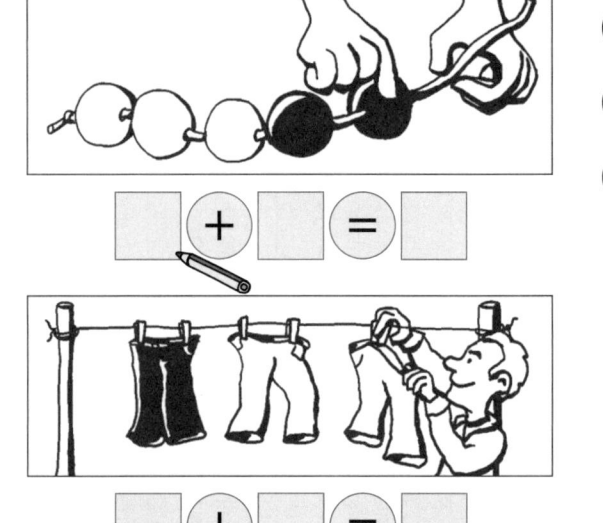

$$4 + 1 = 5$$

2

3

$$5 + 4 = \square$$

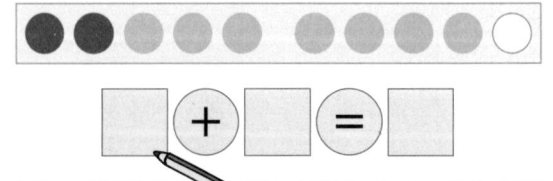

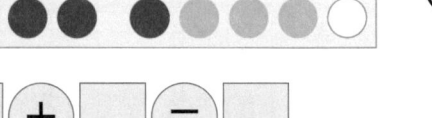

Wie kann ich die Aufgabe lösen?
☺ kann ich gut lösen; ☺ kann ich nur zum Teil gut lösen; ☹ kann ich nicht lösen

Test 2b: Additions- und Ergänzungsaufgaben

❶

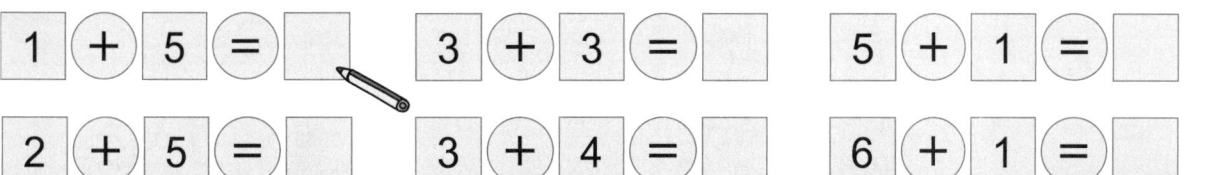

$1 + 5 =$ ☐ $3 + 3 =$ ☐ $5 + 1 =$ ☐   ☺

$2 + 5 =$ ☐ $3 + 4 =$ ☐ $6 + 1 =$ ☐   😐

$3 + 5 =$ ☐ $3 + 5 =$ ☐   ☐ $+ 1 =$ ☐   ☹

$4 + 5 =$ ☐ $3 +$ ☐ $=$ ☐   ☐ $+$ ☐ $=$ ☐

$5 + 5 =$ ☐ $3 +$ ☐ $=$ ☐   ☐ $+$ ☐ $=$ ☐

❷

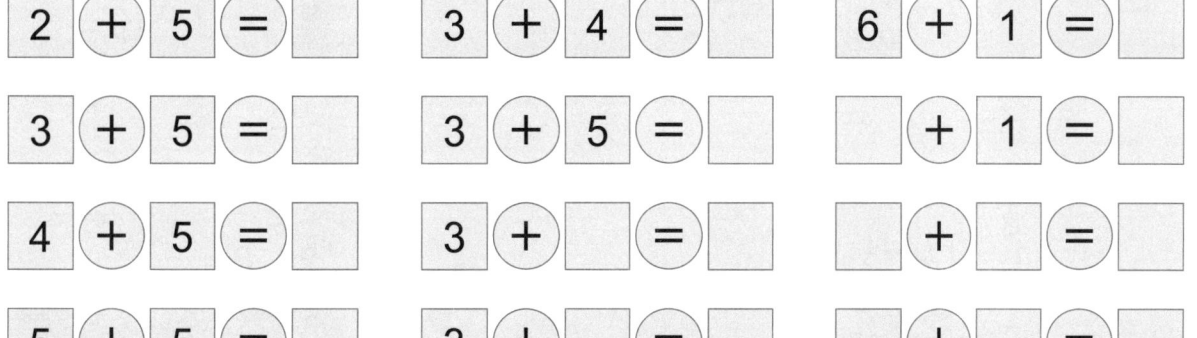

$2 + 3 = 5$ $2 +$ ☐ $= 6$ ☺

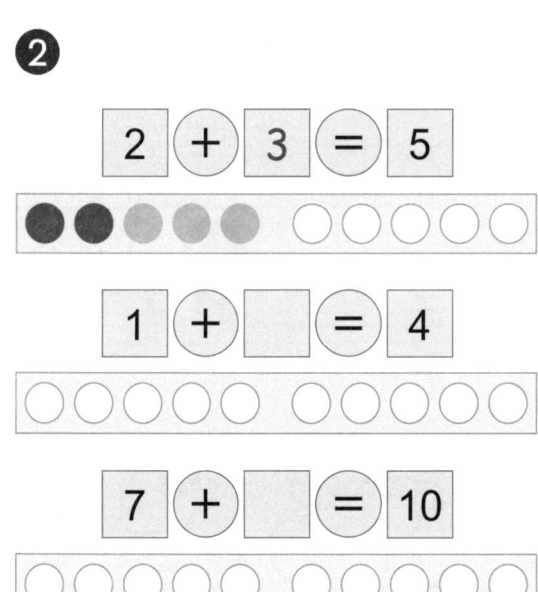 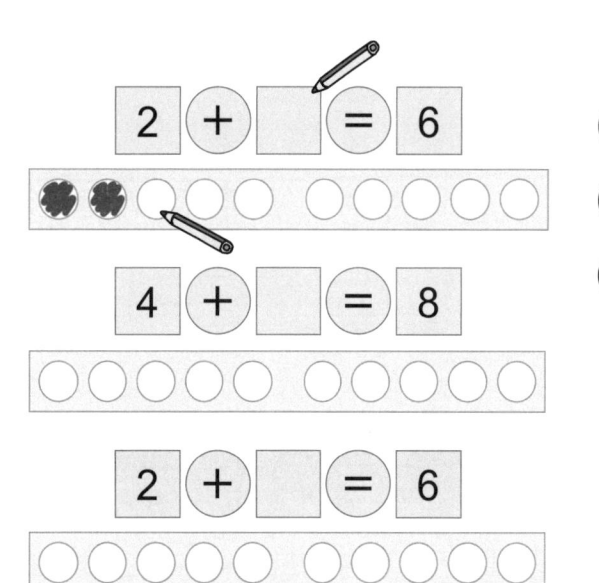

$1 +$ ☐ $= 4$ $4 +$ ☐ $= 8$ 😐

$7 +$ ☐ $= 10$ $2 +$ ☐ $= 6$ ☹

❸

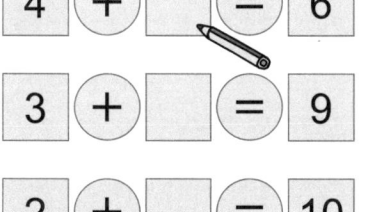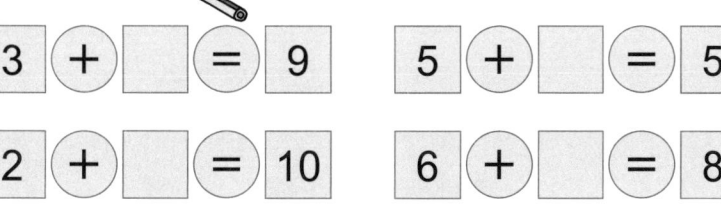

$4 +$ ☐ $= 6$ $3 +$ ☐ $= 5$ $3 +$ ☐ $= 3$ ☺

$3 +$ ☐ $= 9$ $5 +$ ☐ $= 5$ $1 +$ ☐ $= 10$ 😐

$2 +$ ☐ $= 10$ $6 +$ ☐ $= 8$ $2 +$ ☐ $= 7$ ☹

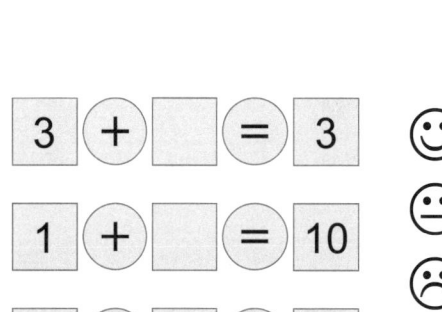

Wie kann ich die Aufgabe lösen?
☺ kann ich gut lösen; 😐 kann ich nur zum Teil gut lösen; ☹ kann ich nicht lösen

Test 2c: Subtraktion verstehen

1

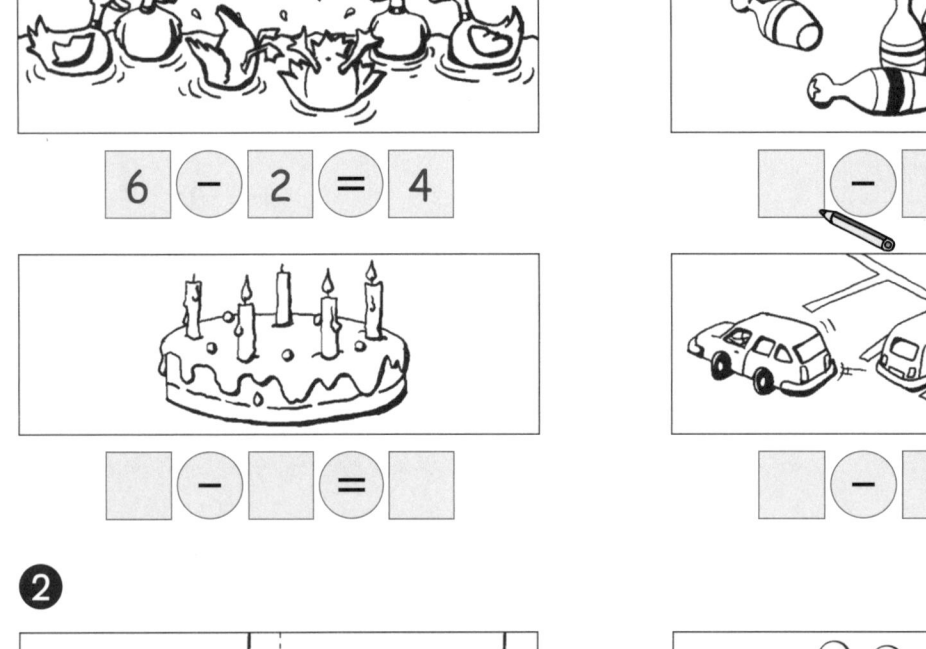

6 − 2 = 4

2

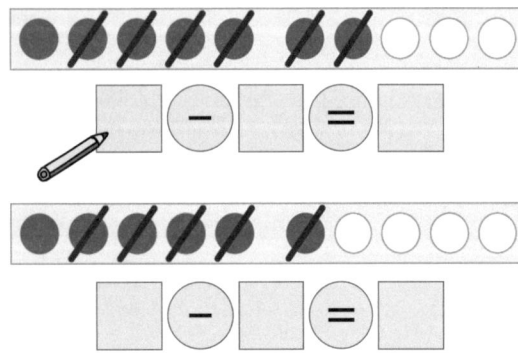
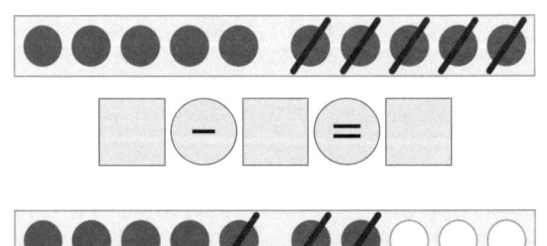

3

Wie kann ich die Aufgabe lösen?
☺ kann ich gut lösen; ☺ kann ich nur zum Teil gut lösen; ☹ kann ich nicht lösen

Test 2d: Subtraktions- und Ergänzungsaufgaben

1

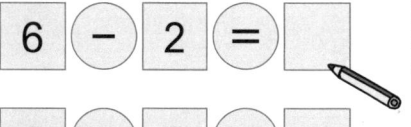   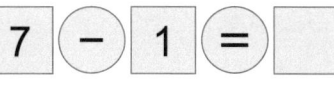      

6 − 4 = ☐   7 − 3 = ☐

6 − 5 = ☐   7 − 4 = ☐

2

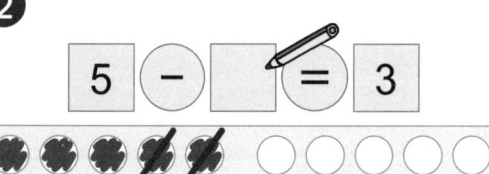   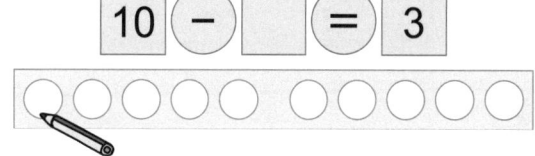

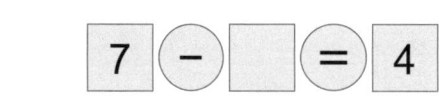   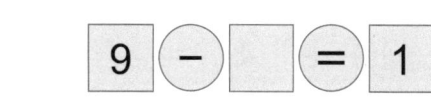

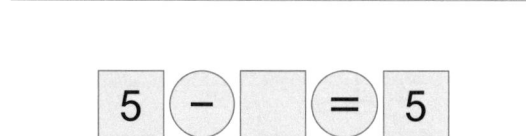   

   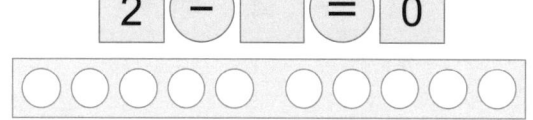

3

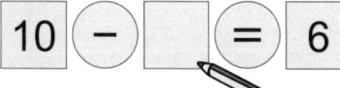   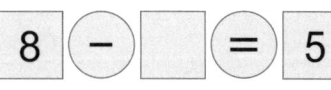   

10 − ☐ = 9   8 − ☐ = 2   9 − ☐ = 7

10 − ☐ = 3   8 − ☐ = 6

Wie kann ich die Aufgabe lösen?
☺ kann ich gut lösen; ☺ kann ich nur zum Teil gut lösen; ☹ kann ich nicht lösen

Test 2e: Tausch- und Umkehraufgaben

1

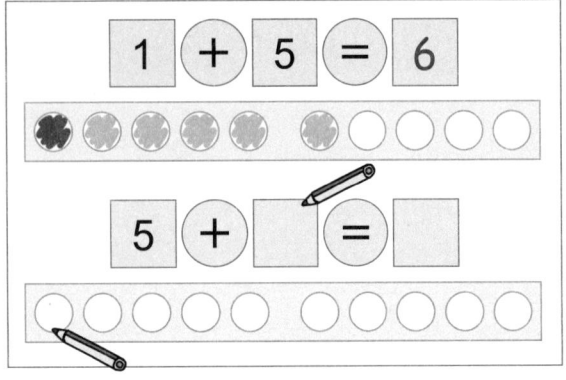 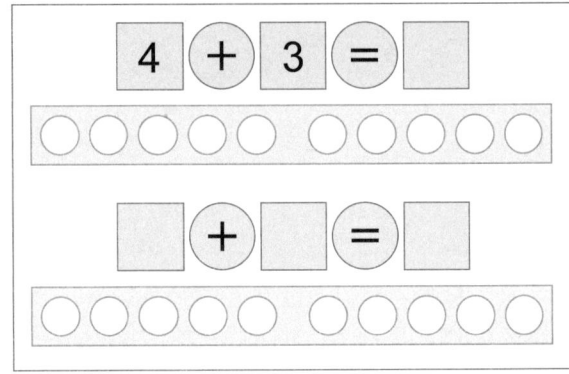

2

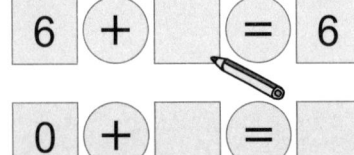 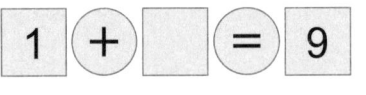 

  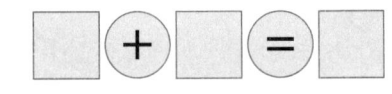

3

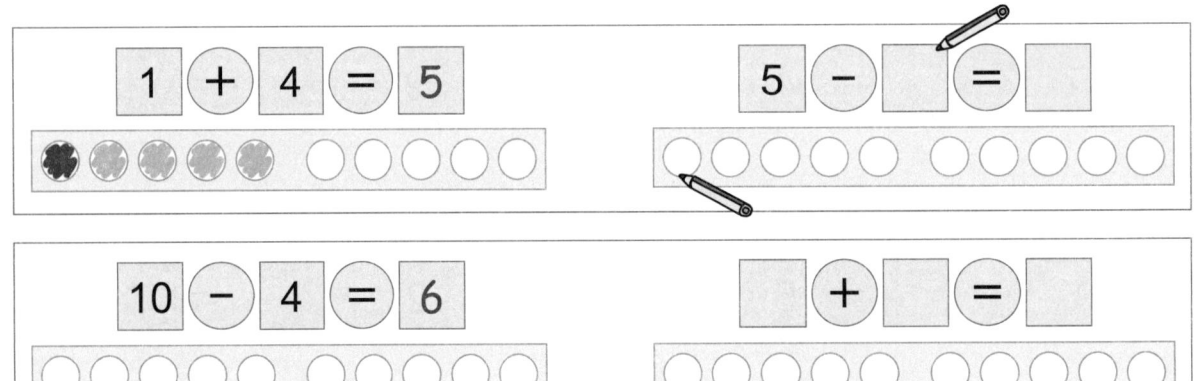

4

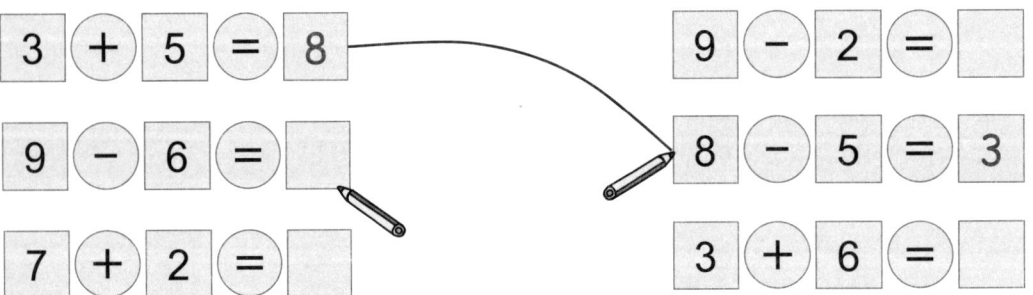

Wie kann ich die Aufgabe lösen?
☺ kann ich gut lösen; ☺ kann ich nur zum Teil gut lösen; ☹ kann ich nicht lösen

Test 2f: Aufgabenfamilien, Aufgabenreihen, Zahlenmauern

1

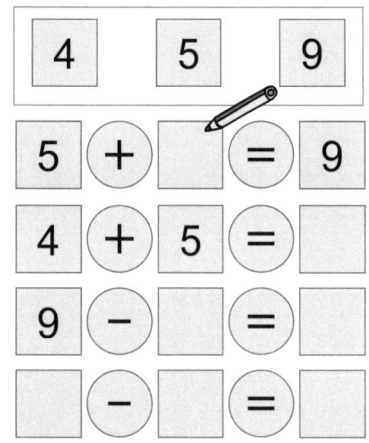
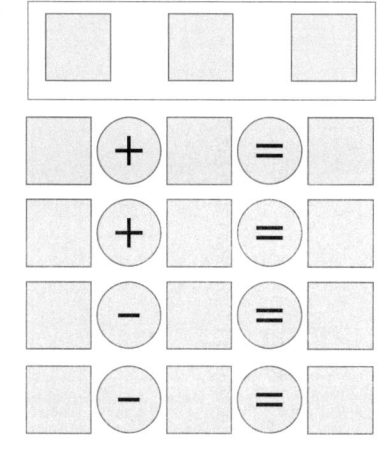

2

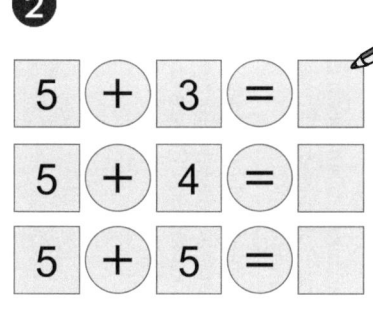
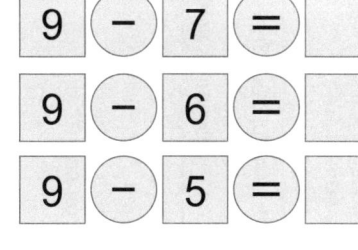
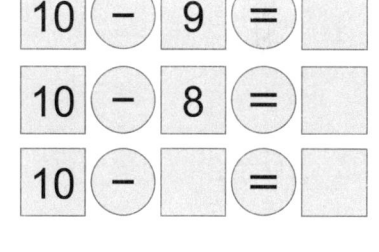

3

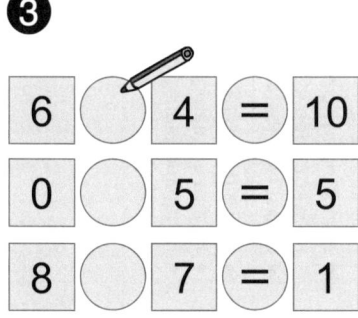

4

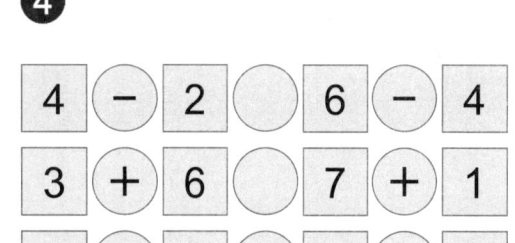

5

Wie kann ich die Aufgabe lösen?
☺ kann ich gut lösen; 😐 kann ich nur zum Teil gut lösen; ☹ kann ich nicht lösen

Diagnosebogen zu den Tests zum Themenheft 2

HRU: Allgemeine Hinweise, Anregungen für den Unterricht, individuelle Förderung, Arbeit im Plenum S. 102–115
Kompetenzraster Kom Ü1–Ü2; Kompetenzbögen Kom 2a–2f; Beobachtungsbögen BB 2a–2c; Tests 2a–2c; Lehrerkopiervorlagen (LKV) 17–35
Kopiervorlagen (KV) 34–83
Lernsoftware Interaktive Übungen: „Plusrechnen im Zahlenraum bis 10" „Minusrechnen im Zahlenraum bis 10" und „Plus und Minus im Zahlenraum bis 10"

s = sicher; **ü** = überwiegend sicher; **t** = teilweise; **n** = noch nicht

...... kann	s	ü	t	n	Förderhinweise; Forderhinweise*/Verwendung von Material	KV/LKV
Test 2 a)						
❶ zu Handlungen die passenden Plusaufgaben bilden					• selbst durchgeführte Handlungen des Hinzufügens (mit Material wie Stiften, Spielzeugautos, Murmeln, Steckwürfeln, Plättchen und Kartonbeilage Wendeplättchen, Würfeln) als Plusaufgaben darstellen und notieren • Lernsoftware: „Rechnen mit Plus verstehen" • zu vorgegebenen Plusaufgaben passende Handlungen finden*	KV 38, KV 39 LKV 17, LKV 19, LKV 22, LKV 23, LKV 24 LKV 20*
❷ Handlungen zu Plusaufgaben in Punktebilder übertragen					• mit Plättchen und mit Wendeplättchen auf dem Zehnerstreifen (Kartonbeilagen) legen • Lernsoftware: „Plusrechnen mit dem Zehnerfeld" • Plusaufgaben den dargestellten oder gelegten Aufgaben zuordnen*	KV 38 LKV 18, LKV 19, LKV 21, LKV 23 LKV 20*
❸ zu auf Zehnerstreifen dargestellten Rechenbildern passende Plusaufgaben finden und lösen					• mit Plättchen und mit Wendeplättchen auf dem Zehnerstreifen (Kartonbeilagen) legen • Plusaufgaben mit Zahlenkarten und Pluszeichen (Kartonbeilagen) zuordnen • Lernsoftware: „Plusrechnen mit dem Zehnerfeld" • eigene Plusaufgaben legen und rechnen* • TH 2/11*	KV 40, KV 41, KV 42, KV 43, KV 44, KV 216, KV 217 KV 45* KV 72* LKV 17, LKV 18, LKV 19, LKV 21 LKV 20*
Test 2 b)						
❶ Nachbaraufgaben zu Plusaufgaben entdecken und lösen					• Nachbarzahlen wiederholen • Handlungen zu Nachbaraufgaben als Plusaufgaben darstellen und notieren; dabei entweder den ersten oder zweiten Summanden immer um 1 erhöhen • selbst Nachbaraufgaben bilden und lösen*	KV 71 KV 45/2*, KV 230* LKV 17, LKV 19, LKV 29
❷ Ergänzungsaufgaben durch Zeichnen auf dem Zehnerstreifen darstellen und lösen					• durch das Verändern von Rechengeschichten Ergänzungsaufgaben bilden • Ergänzungsaufgaben mit Wendeplättchen und Zehnerstreifen (Kartonbeilagen) legen • Ergänzungsaufgaben mit Zahlenkarten und Pluszeichen (Kartonbeilagen) zuordnen • TH 2/15*	KV 46, KV 216, KV 217 LKV 17, LKV 18, LKV 19, LKV 21

	Tätigkeiten	Material
❸ Ergänzungsaufgaben lösen	• Ergänzungsaufgaben mit Zahlenkarten und Pluszeichen (Kartonbeilagen) bilden und lösen • Lernsoftware: „Aufgaben ergänzen" • selbst Ergänzungsaufgaben bilden und lösen* • TH 2/15*	KV 46, KV 47 KV 48* LKV 17, LKV 19
Test 2 c)		
❶ zu Handlungen die passenden Minusaufgaben bilden	• selbst durchgeführte Handlungen des Wegnehmens (mit Material wie Stiften, Spielzeugautos, Murmeln, Steckwürfeln, Plättchen und Kartonbeilage Wendeplättchen, Würfeln) als Minusaufgaben darstellen und notieren • Lernsoftware: „Rechnen mit Minus verstehen" • zu vorgegebenen Minusaufgaben passende Handlungen finden*	KV 49 LKV 17, LKV 19, LKV 25, LKV 26, LKV 27
❷ Handlungen zu Minusaufgaben in Punktebilder übertragen	• mit Plättchen und mit Wendeplättchen auf dem Zehnerstreifen (Kartonbeilagen) legen • Lernsoftware: „Minusrechnen mit dem Zehnerfeld" • Minusaufgaben den dargestellten oder gelegten Aufgaben zuordnen*	KV 49 LKV 17, LKV 18, LKV 19, LKV 27 LKV 20*
❸ zu auf Zehnerstreifen dargestellten Punktebildern passende Minusaufgaben finden und lösen	• mit Plättchen und mit Wendeplättchen auf dem Zehnerstreifen und mit Zahlenkarten und Pluszeichen (Kartonbeilagen) legen • Minusaufgaben mit Zahlenkarten und Pluszeichen (Kartonbeilagen) zuordnen • Lernsoftware: „Minusrechnen mit dem Zehnerfeld" • eigene Minusaufgaben legen und rechnen* • TH 2/23*	KV 50, KV 51, KV 53, KV 54, KV 55, KV 216, KV 217 KV 52*, KV 56*, KV 57*, KV 74* LKV 17, LKV 18, LKV 19, LKV 21 LKV 20*
Test 2 d)		
❶ Nachbaraufgaben zu Minusaufgaben entdecken und lösen	• Nachbarzahlen wiederholen • Handlungen zu Nachbaraufgaben als Minusaufgaben darstellen und notieren; dabei entweder den Subtrahenden immer um 1 vergrößern oder den Minuenden immer um 1 verkleinern • Lernsoftware: „Rechnen mit Minus üben" • selbst Nachbaraufgaben bilden und lösen*	KV 71 KV 70*, KV 231* LKV 17, LKV 19, LKV 29
❷ Ergänzungsaufgaben durch das Verändern von Zeichen auf dem Zehnerstreifen darstellen und lösen	• durch das Verändern von Rechengeschichten Ergänzungsaufgaben bilden • Ergänzungsaufgaben mit Wendeplättchen und Zehnerstreifen (Kartonbeilagen) legen • Ergänzungsaufgaben mit Zahlenkarten und Minuszeichen (Kartonbeilagen) zuordnen • Lernsoftware: „Rechnen mit Minus üben"	KV 58, KV 216, KV 217 LKV 17, LKV 18, LKV 19, LKV 21
❸ Ergänzungsaufgaben lösen	• Ergänzungsaufgaben mit Zahlenkarten und Minuszeichen (Kartonbeilagen) bilden und lösen • Lernsoftware: „Rechnen mit Minus üben" • selbst Ergänzungsaufgaben bilden und lösen*	KV 57 KV 59*, KV 60*, KV 61* LKV 17, LKV 19 LKV 20*

... kann	s	ü	t	n	Förderhinweise; Forderhinweise*/Verwendung von Material	KV/LKV
Test 2 e)						
❶ mithilfe von Punktebildern auf Zehnerstreifen Tauschaufgaben lösen					• Rechenbilder in Tauschaufgaben übertragen und umgekehrt • mit Plättchen und mit Wendeplättchen auf dem Zehnerstreifen (Kartonbeilagen) legen • Tauschaufgaben mit Zahlenkarten und Rechenzeichen (Kartonbeilagen) zuordnen	KV 62, KV 219, KV 222 LKV 17, LKV 18, LKV 30, LKV 31
❷ Tauschaufgaben finden und lösen					• Tauschaufgaben mit Zahlenkarten und Rechenzeichen (Kartonbeilagen) zuordnen	KV 63 LKV 17, LKV 30, LKV 31
❸ mithilfe von Punktebildern auf Zehnerstreifen Umkehraufgaben lösen					• zu einer im Bild dargestellten Situation Aufgabe und Umkehraufgabe finden • mit Plättchen und mit Wendeplättchen auf dem Zehnerstreifen (Kartonbeilagen) legen • Umkehraufgaben mit Zahlenkarten und Rechenzeichen (Kartonbeilagen) zuordnen	KV 64, KV 219 LKV 17, LKV 18, LKV 30
❹ Umkehraufgaben zuordnen und lösen					• Umkehraufgaben mit Zahlenkarten und Rechenzeichen (Kartonbeilagen) zuordnen	KV 65, KV 222 LKV 17, LKV 30, LKV 32
Test 2 f)						
❶ Aufgabenfamilien finden und lösen					• Aufgabenfamilien durch Legen mit Zahlenkarten vorgegeben • Lernsoftware: „Aufgabenfamilien bilden" • Aufgabenfamilien finden und lösen* • TH 2/33*	KV 66, KV 67, KV 224 LKV 17, LKV 19, LKV 33
❷ Aufgabenreihen zu Plus- und Minusaufgaben entdecken und lösen					• Bildungsgesetze zu Plus- und Minusaufgaben entdecken und diese lösen • Aufgabenreihen finden und lösen*	KV 71 KV 230*, KV 231* LKV 17, LKV 19, LKV 34
❸ Plus- und Minusaufgaben entdecken und das richtige Rechenzeichen setzen					• Aufgaben mit Zahlenkarten und Rechenzeichen (Kartonbeilagen) zuordnen • Plus- und Minusaufgaben auf der Kartonbeilage Rechenkärtchen lösen und überprüfen • Lernsoftware: „Aufgaben vergleichen"* • TH 2/36*	KV 80, KV 81, KV 82 KV 73*, KV 75* LKV 17, LKV 19 LKV 20*
❹ Plus- und Minusaufgaben lösen und das richtige Relationszeichen setzen					• Zahlenvergleiche mit Gegenständen, Wendeplättchen und/oder Würfelbildern sowie Zahlenkarten und Relationszeichen (Kartonbeilagen) nachvollziehen • Lernsoftware: „Aufgaben vergleichen"	KV 76, KV 82* LKV 17, LKV 20 LKV 222
❺ Zahlenmauern verstehen und lösen					• Aufbau und Zusammenhänge von Zahlenmauern beschreiben und diese lösen • Auswirkungen der unterschiedlichen Anordnung der Basissteine entdecken und begründen*	KV 83, KV 233 LKV 17, LKV 35

Test 3a: unstrukturierte und strukturierte Darstellungen

1

Z	E		Z	E		Z	E		Z	E	
1	3		1	8		1	0		1	5	

2

$$16 = 10 + 6$$

$$\square = \square + \square$$

$$\square = \square + \square$$

Wie kann ich die Aufgabe lösen?
☺ kann ich gut lösen; ☺ kann ich nur zum Teil gut lösen; ☹ kann ich nicht lösen

Test 3b: Zahlenfolgen, Nachbarzahlen, Zahlvergleiche

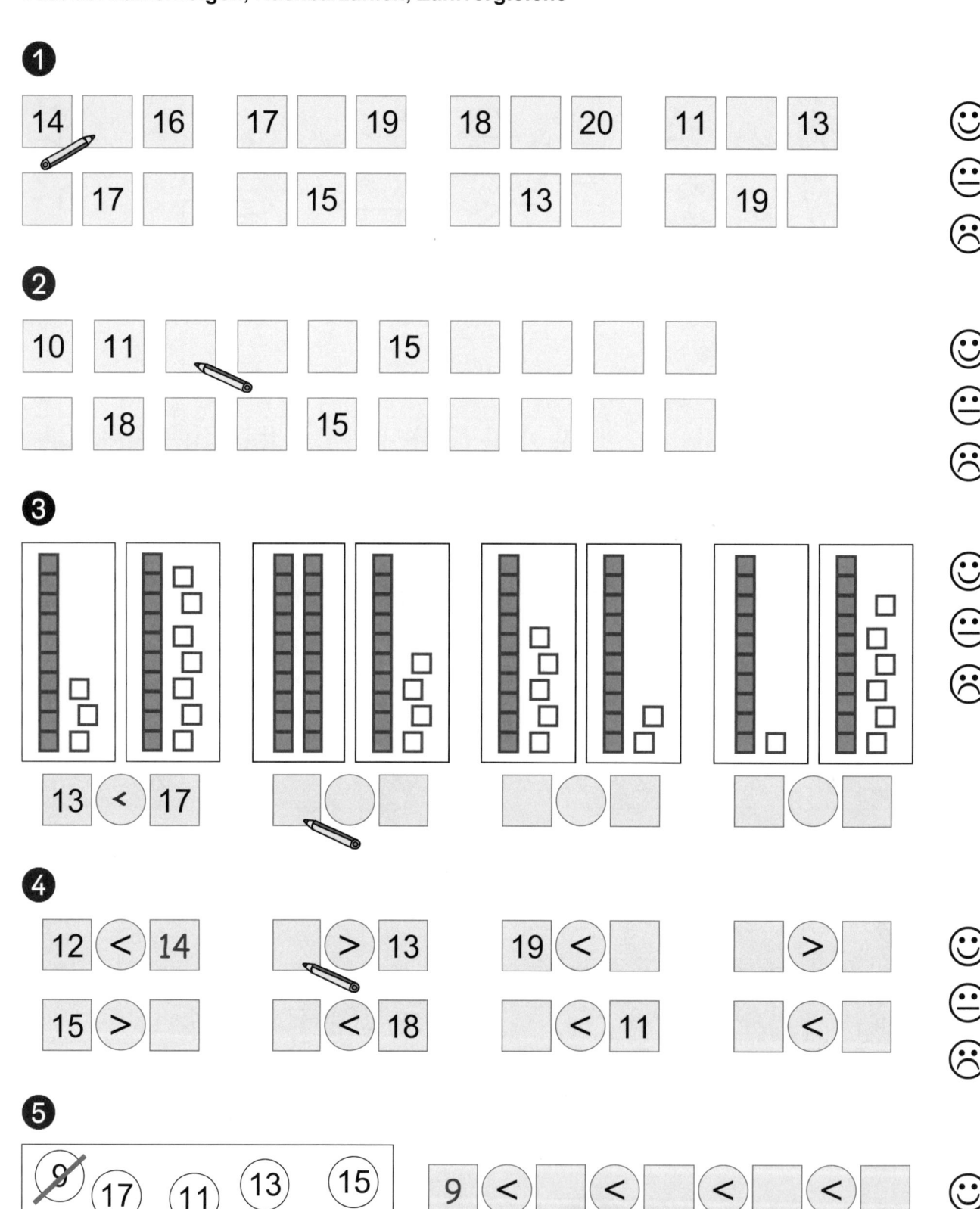

Wie kann ich die Aufgabe lösen?

☺ kann ich gut lösen; 😐 kann ich nur zum Teil gut lösen; ☹ kann ich nicht lösen

Einstern 1

Test 3c: Analogieaufgaben

❶

$4 + 3 = 7$	$2 + 6 = \square$	$1 + 4 = \square$	☺
$14 + 3 = 17$	$12 + 6 = \square$	$11 + 4 = \square$	☺
			☹

$9 - 7 = \square$ $5 - 2 = \square$ $7 - 4 = \square$

$19 - 7 = \square$ $15 - 2 = \square$ $17 - 4 = \square$

$3 + \square = 5$ $2 + \square = 8$ $4 + \square = 7$

$13 + \square = 15$ $12 + \square = 18$ $14 + \square = 17$

$6 - \square = 2$ $5 - \square = 3$ $8 - \square = 4$

$16 - \square = 12$ $15 - \square = 13$ $18 - \square = 14$

❷

kleine
Aufgabe: 1 _____

große
Aufgabe: $11 + 7 = \square$

kleine
Aufgabe: _____

große
Aufgabe: $13 + 4 = \square$

kleine
Aufgabe: _____

große
Aufgabe: $14 + 5 = \square$

kleine
Aufgabe: _____

große
Aufgabe: $15 - 4 = \square$

kleine
Aufgabe: _____

große
Aufgabe: $17 - 5 = \square$

kleine
Aufgabe: _____

große
Aufgabe: $19 - 6 = \square$

☺ ☺ ☹

Wie kann ich die Aufgabe lösen?
☺ kann ich gut lösen; ☺ kann ich nur zum Teil gut lösen; ☹ kann ich nicht lösen

Test 3d: Verdoppeln, Halbieren, gerade und ungerade Zahlen

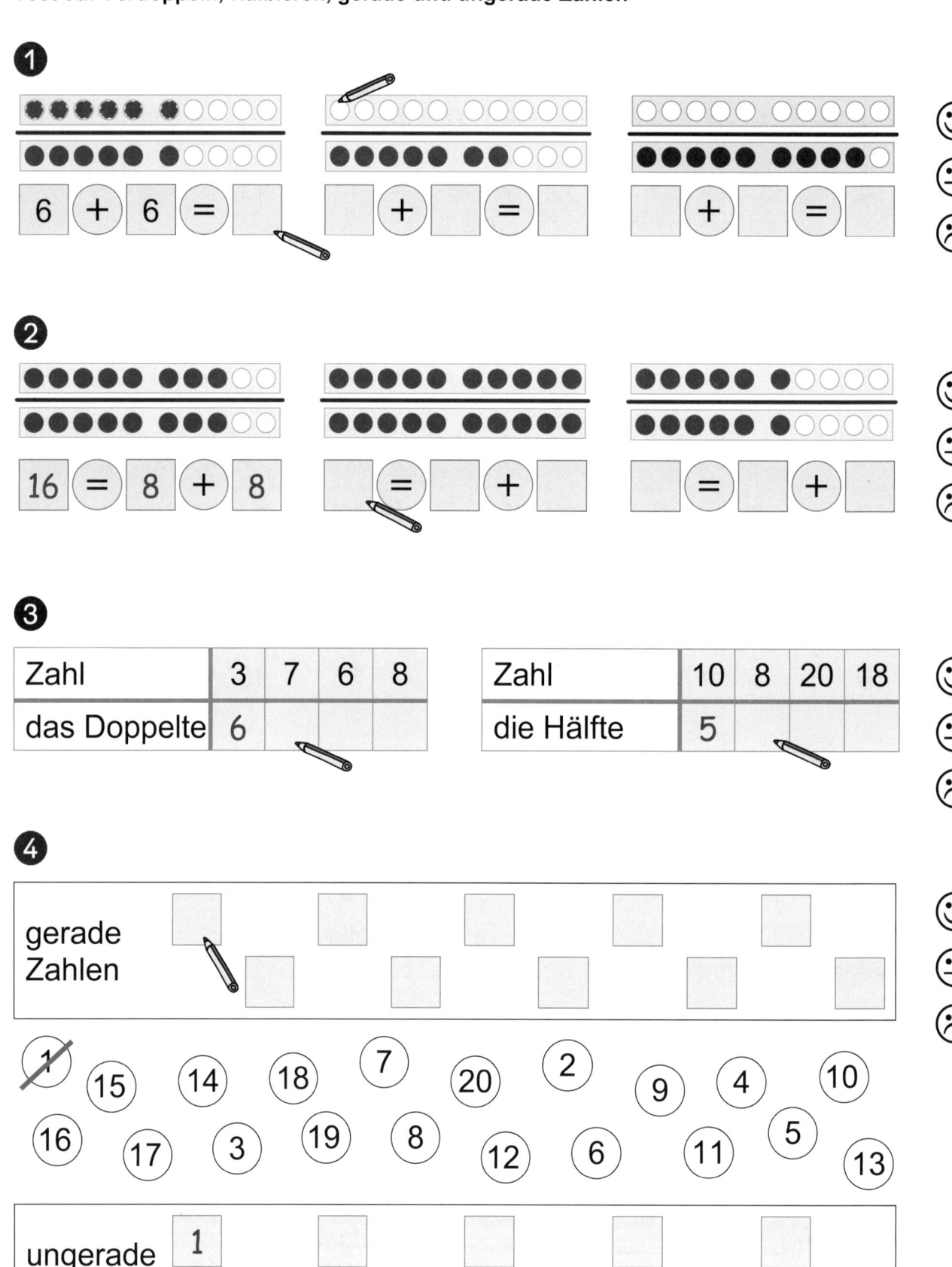

1

6 + 6 =

+ =

+ =

2

16 = 8 + 8

= +

= +

3

Zahl	3	7	6	8
das Doppelte	6			

Zahl	10	8	20	18
die Hälfte	5			

4

gerade Zahlen

1 15 14 18 7 20 2 9 4 10
16 17 3 19 8 12 6 11 5 13

ungerade Zahlen 1

Wie kann ich die Aufgabe lösen?
☺ kann ich gut lösen; ☺ kann ich nur zum Teil gut lösen; ☹ kann ich nicht lösen

Diagnosebogen zu den Tests zum Themenheft 3

HRU: Allgemeine Hinweise, Anregungen für den Unterricht, individuelle Förderung, Arbeit im Plenum S. 150–162
Kompetenzraster Kom Ü1–Ü2; Kompetenzbögen Kom 3a–3d; Kompetenzbögen BB 3a–3b; Tests 3a–3d; Beobachtungsbögen BB 3a–3d; Lehrerkopiervorlagen (LKV) 36–46
Kopiervorlagen (KV) 86–123
Lernsoftware Interaktive Übungen: „Rechnen im Zahlenraum zwischen 10 und 20"

s = sicher; **ü** = überwiegend sicher; **t** = teilweise; **n** = noch nicht

.... kann	s	ü	t	n	Förderhinweise; Forderhinweise*/Verwendung von Material	KV/LKV
Test 3 a)						
❶ im Zahlenraum bis 20 Mengen, Strichlisten, Punktebildern auf dem Zwanzigerfeld und Darstellungen in der Stellentafel Zahlen zuordnen					• Zahlen den Gegenständen (Gegenstände und Kartonbeilage Zahlenkarten) zuordnen • mit Wendeplättchen auf dem Zwanzigerfeld (Kartonbeilagen) legen • Zehner-Einer-Bündelung mit Händen, Steckwürfeln, Eierkartons u. a.; dann in Stellentafeln • Lernsoftware: „Zahlen in der Stellenwerttafel darstellen"; „Zahlen ergänzen"	KV 86, KV 87, KV 88, KV 215 KV 89* LKV 36, LKV 37, LKV 38
❷ Zahlen zwischen 10 und 20, die als Punktebilder auf dem Zwanzigerfeld dargestellt sind, Zerlegungen in Zehner und Einer zuordnen					• mit Wendeplättchen auf dem Zwanzigerfeld legen sowie Zahlenkarten und Rechenzeichen (Kartonbeilagen) zuordnen • Lernsoftware: „Zahlen ergänzen" • TH 3/9*	KV 89*, KV 90* LKV 39
Test 3 b)						
❶ Nachbarzahlen bestimmen					• Zahlenfolgen mit Zahlenkarten (Kartonbeilagen) legen	KV 91 KV 92*, KV 232*
❷ Zahlenfolgen zwischen 10 und 19 vor- und rückwärts ergänzen					• Zahlenfolgen mit Zahlenkarten (Kartonbeilagen) legen • Zahlenfolgen vorwärts und rückwärts aufsagen, auch in spielerischer Form • TH 3/15*	KV 93 KV 94*, KV 95* LKV 40
❸ Darstellungen mit Zehnerstangen und Einerwürfeln vergleichen und die Ungleichungen zuordnen					• mit Steckwürfeln sowie Zahlenkarten und Relationszeichen (Kartonbeilagen) legen • Lernsoftware „Zahlen vergleichen"	KV 87
❹ Ungleichungen ergänzen					• mit Zahlenkarten und Relationszeichen (Kartonbeilagen) legen • Lernsoftware „Zahlen vergleichen"	KV 96 KV 97* LKV 17
❺ Zahlen vergleichen, ordnen und die Zeichen „<" und „>" richtig verwenden					• mit Zahlenkarten und Relationszeichen (Kartonbeilagen) legen • Kinder mit großen Zahlenkarten stellen sich entsprechend angeordnet auf • Lernsoftware „Zahlen vergleichen"	KV 33, KV 98 LKV 17

.... kann	s	ü	t	n	Förderhinweise; Forderhinweise*/Verwendung von Material	KV/LKV
Test 3 c)						
❶ bei Plus- und Minusaufgaben bis 20 über die „kleine Aufgabe" zum Ergebnis kommen					• „kleine" und „große" Aufgaben mit Steckwürfeln sowie Zahlenkarten und Rechenzeichen (Kartonbeilagen) legen • Memorys und Dominos mit Analogieaufgaben spielen • Lernsoftware: „Verwandte Aufgaben bilden"	KV 99, KV 100, KV 101, KV 102, KV 103, KV 104, KV 221 LKV 41, LKV 42
❷ bei Plus- und Minusaufgaben bis 20 zur „großen Aufgabe" die „kleine Aufgabe" bilden, rechnen und dann übertragen					• „kleine" und „große" Aufgaben mit Steckwürfeln sowie Zahlenkarten und Rechenzeichen (Kartonbeilagen) legen • Memorys und Dominos mit Analogieaufgaben spielen* • Partnerspiele zum Bilden von Analogieaufgaben • Lernsoftware: „Verwandte Aufgaben bilden", „In Tabellen rechnen"* • TH 3/31*	KV 105, KV 106, KV 112 KV 107*, KV 108*, KV 109*, KV 110*, KV 111*, KV 113*, KV 114* LKV 41, LKV 42, LKV 43, LKV 44*
Test 3 d)						
❶ über das Verdoppeln von Punktebildern Verdopplungsaufgaben bilden und berechnen					• über das Verdoppeln von Gegenständen (z. B. Schuhen), Steckwürfeln und/oder Wendeplättchen (Kartonbeilagen) mit dem Spiegel Verdopplungsaufgaben bilden • Verdopplungsaufgaben mit Plättchen legen bzw. zeichnerisch ergänzen • TH 3/34*, TH 3/39*	KV 115 LKV 45
❷ über das Halbieren von Punktebildern Halbierungsaufgaben bilden und berechnen					• über das Halbieren von Gegenständen (z. B. Schuhen), Steckwürfeln und/oder Wendeplättchen (Kartonbeilagen) mit der Schnur Halbierungsaufgaben bilden • Material durch Aufteilen in zwei gleiche Teile halbieren • TH 3/37*	KV 116 LKV 45
❸ in Tabellen Zahlen verdoppeln und halbieren					• ausgeführte und bildlich dargestellte Verdopplungen und Halbierungen in Tabellen notieren	LKV 45
❹ die Zahlen von 1 bis 20 hinsichtlich der Eigenschaft „gerade" und „ungerade" ordnen					• Eigenschaften gerader und ungerader Zahlen auf der Grundlage von Punktebildern beschreiben • Anordnung von geraden und ungeraden Zahlen in der Zahlenfolge beschreiben*	KV 117, KV 118, KV 119 KV 232* LKV 46

Test 4a: Addition – Rechenstrategien

1 Rechne mit der Nachbaraufgabe (Verdopplungsaufgabe).

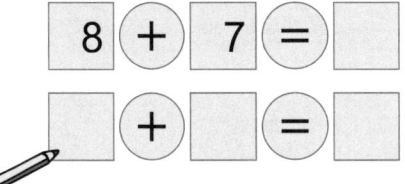   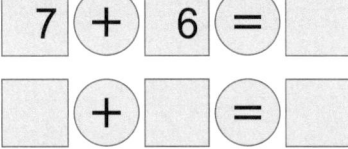

$8 + 7 = \square$ $7 + 6 = \square$

$\square + \square = \square$ $\square + \square = \square$

2 Rechne zuerst die 10-plus-Aufgabe.

$10 + 6 = 16$ $10 + 4 = \square$ $10 + 7 = \square$

$9 + 6 = \square$ $9 + 4 = \square$ $9 + 7 = \square$

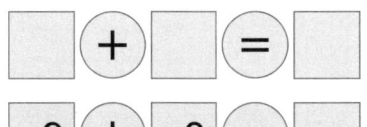 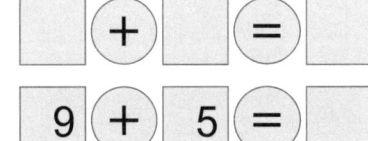 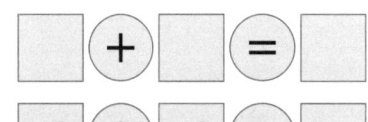

$\square + \square = \square$ $\square + \square = \square$ $\square + \square = \square$

$9 + 3 = \square$ $9 + 5 = \square$ $9 + 8 = \square$

3 Rechne bis zur 10 und dann weiter.

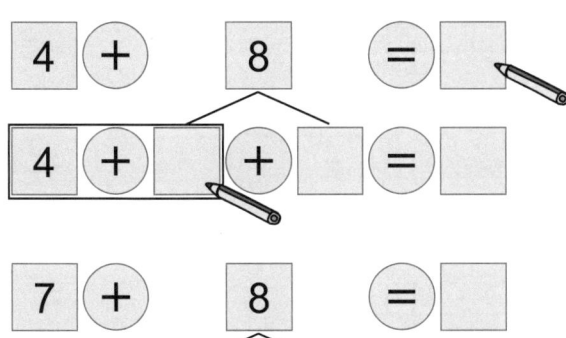 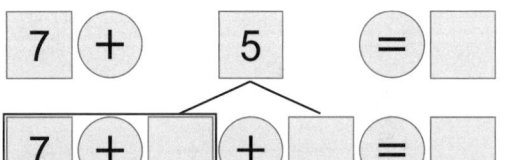

$4 + 8 = \square$ $7 + 5 = \square$

$4 + \square + \square = \square$ $7 + \square + \square = \square$

 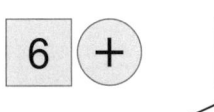 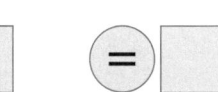

$7 + 8 = \square$ $6 + 7 = \square$

$7 + \square + \square = \square$ $6 + \square + \square = \square$

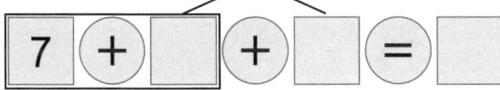

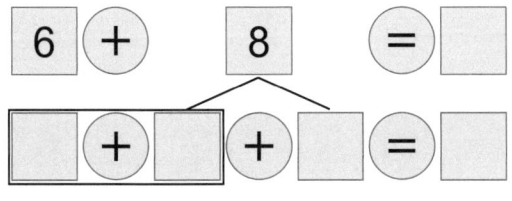 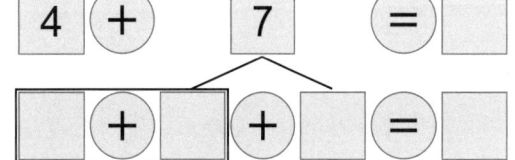

$6 + 8 = \square$ $4 + 7 = \square$

$\square + \square + \square = \square$ $\square + \square + \square = \square$

Wie kann ich die Aufgabe lösen?
☺ kann ich gut lösen; 😐 kann ich nur zum Teil gut lösen; ☹ kann ich nicht lösen

Test 4b: Subtraktion – Rechenstrategien

1 Rechne mit der Nachbaraufgabe (Halbierungsaufgabe).

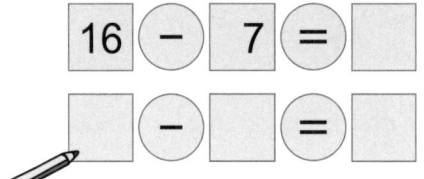
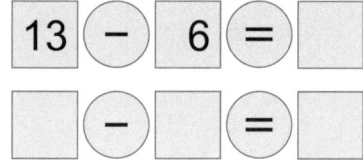

$16 - 7 = \square$

$13 - 6 = \square$

$\square - \square = \square$

$\square - \square = \square$

2 Rechne zuerst die Minus-10-Aufgabe.

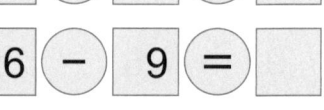

$12 - 10 = 2$

$14 - 10 = \square$

$16 - 10 = \square$

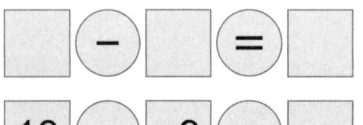

$12 - 9 = \square$

$14 - 9 = \square$

$16 - 9 = \square$

$\square - \square = \square$

$\square - \square = \square$

$\square - \square = \square$

$13 - 9 = \square$

$15 - 9 = \square$

$17 - 9 = \square$

3 Rechne bis zur 10 und dann weiter.

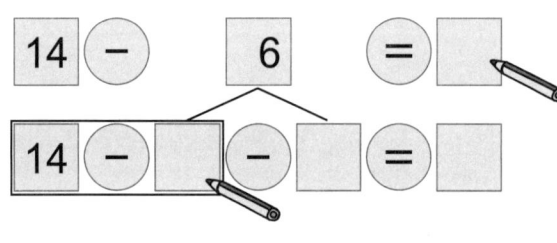
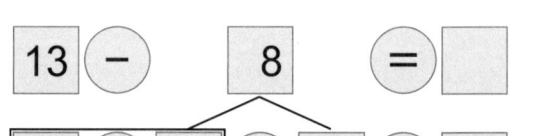

$14 - 6 = \square$

$13 - 8 = \square$

$14 - \square - \square = \square$

$13 - \square - \square = \square$

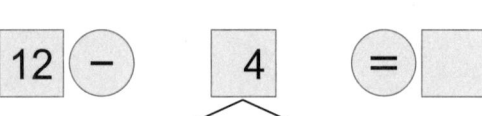
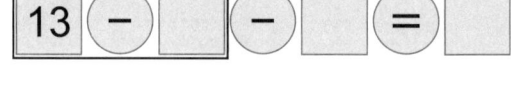

$12 - 4 = \square$

$15 - 8 = \square$

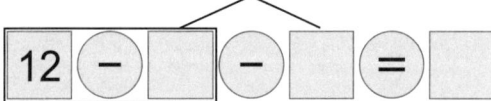
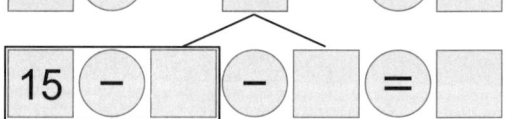

$12 - \square - \square = \square$

$15 - \square - \square = \square$

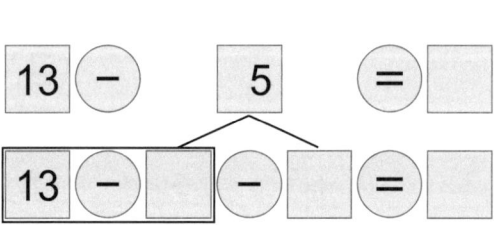
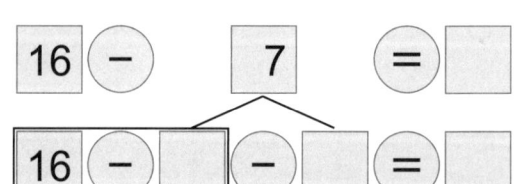

$13 - 5 = \square$

$16 - 7 = \square$

$13 - \square - \square = \square$

$16 - \square - \square = \square$

Wie kann ich die Aufgabe lösen?
☺ kann ich gut lösen; ☺ kann ich nur zum Teil gut lösen; ☹ kann ich nicht lösen

Test 4c: Additions- und Subtraktionsaufgaben, Zahlenmauern

1 Bilde aus 3 Zahlen 4 Aufgaben.

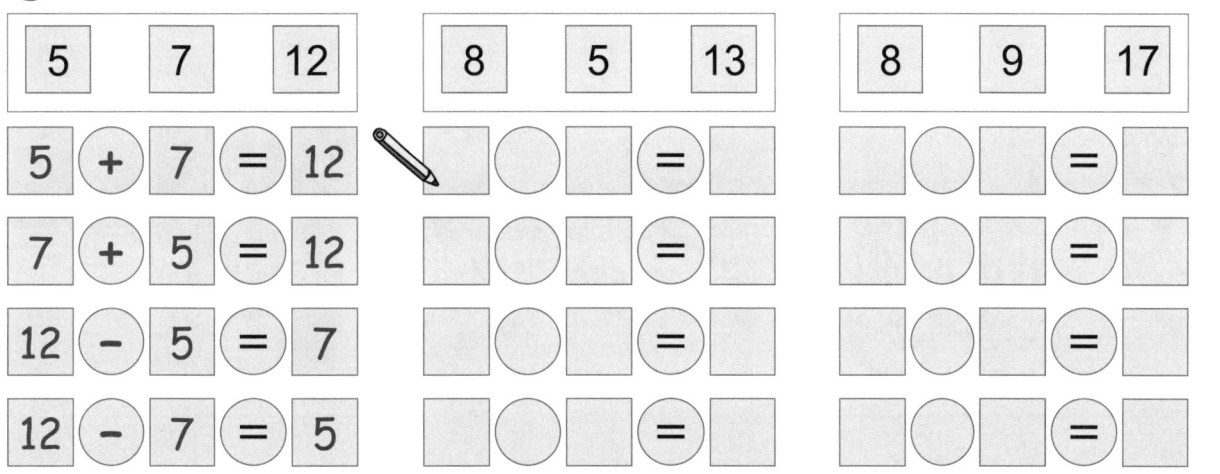

| 5 | 7 | 12 | | 8 | 5 | 13 | | 8 | 9 | 17 |

$5 + 7 = 12$

$7 + 5 = 12$

$12 - 5 = 7$

$12 - 7 = 5$

☺ ☺ ☹

2 Rechne.

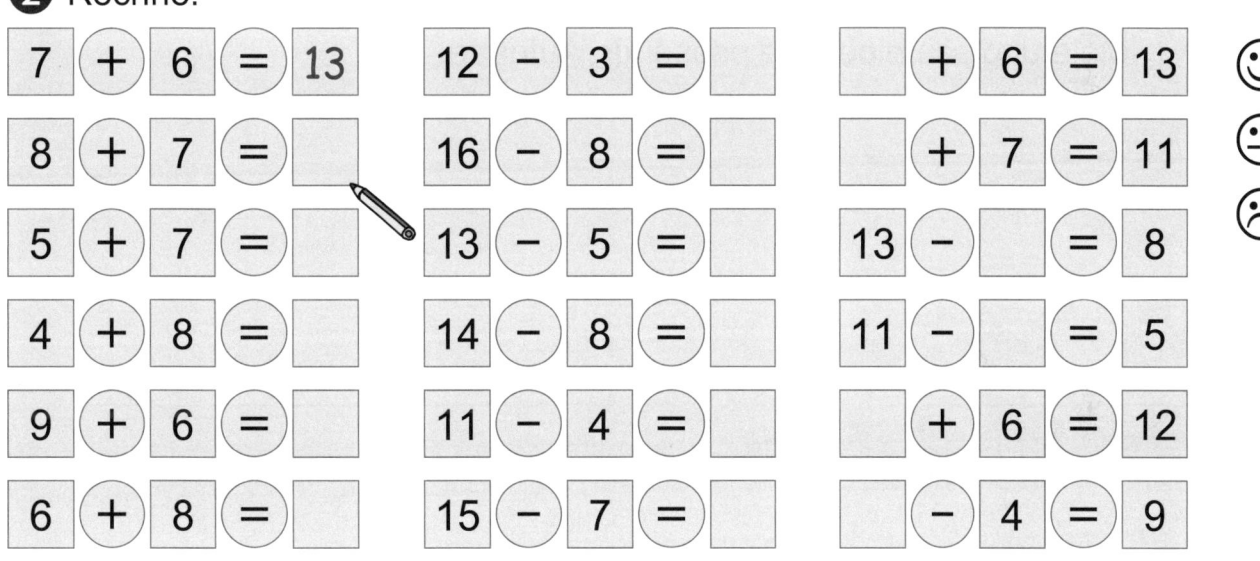

$7 + 6 = 13$ $12 - 3 = \square$ $\square + 6 = 13$

$8 + 7 = \square$ $16 - 8 = \square$ $\square + 7 = 11$

$5 + 7 = \square$ $13 - 5 = \square$ $13 - \square = 8$

$4 + 8 = \square$ $14 - 8 = \square$ $11 - \square = 5$

$9 + 6 = \square$ $11 - 4 = \square$ $\square + 6 = 12$

$6 + 8 = \square$ $15 - 7 = \square$ $\square - 4 = 9$

☺ ☺ ☹

3 Ergänze die Zahlenmauern.

☺ ☺ ☹

Wie kann ich die Aufgabe lösen?
☺ kann ich gut lösen; ☺ kann ich nur zum Teil gut lösen; ☹ kann ich nicht lösen

Test 4d: Sachsituationen und Rechengeschichten

1 Schreibe zu jedem Bild eine passende Aufgabe.

  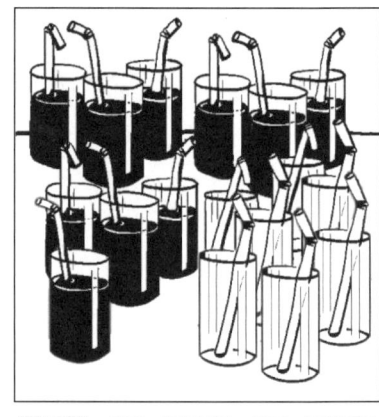

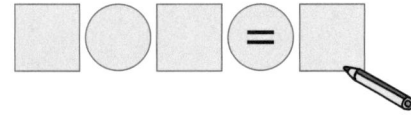 

2 Erfinde eine Rechengeschichte.
Male und schreibe eine passende Aufgabe.

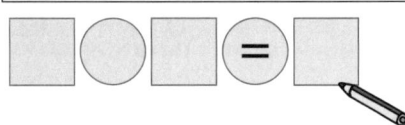

3 Was passt zusammen? Verbinde.

| Tom hat 7 Steine. |
| Er findet 6 weitere. |

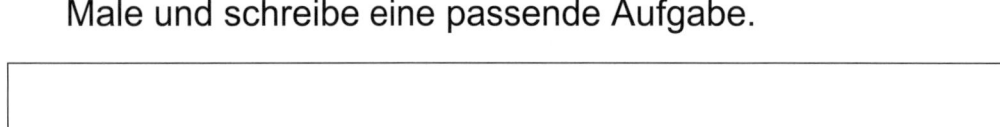

| Maja hat 19 Autos. |
| Sie verschenkt 10. |

Test 4e: Anzahlen, Zahlvergleiche, Rechnen

❶ Trage die passenden Zehnerzahlen ein.

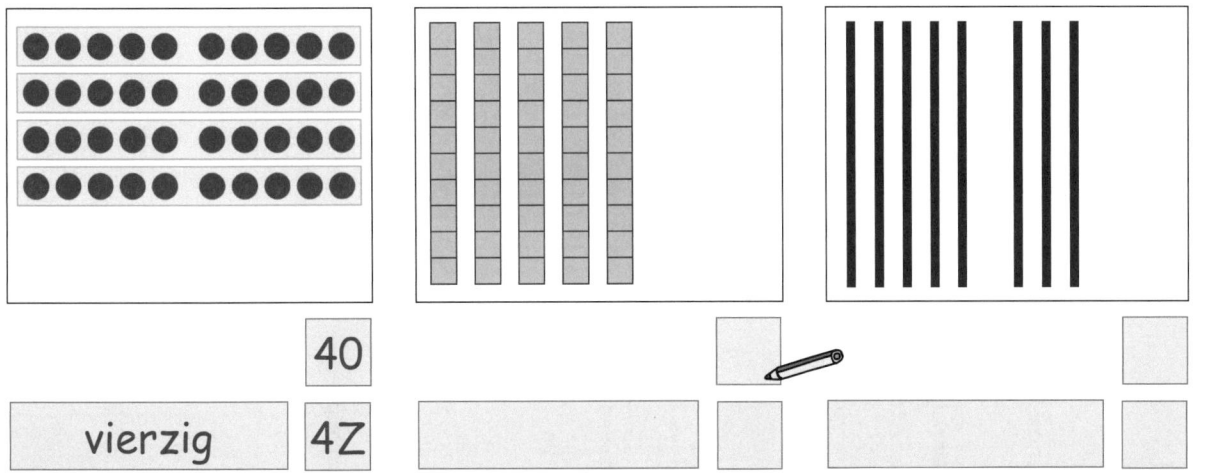

❷ Trage das passende Zeichen oder eine passende Zahl ein.

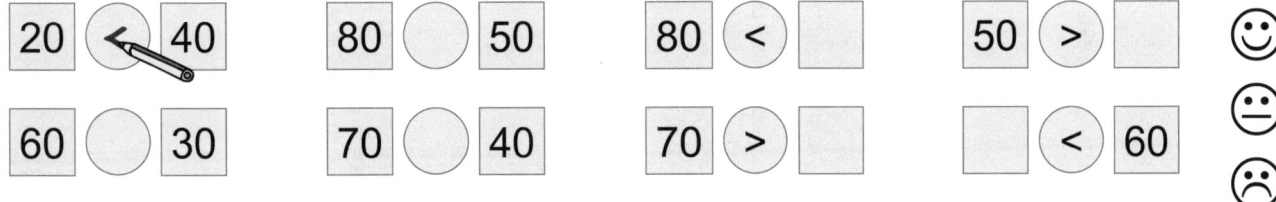

❸ Ergänze die Ausschnitte aus der Zehnerfolge.

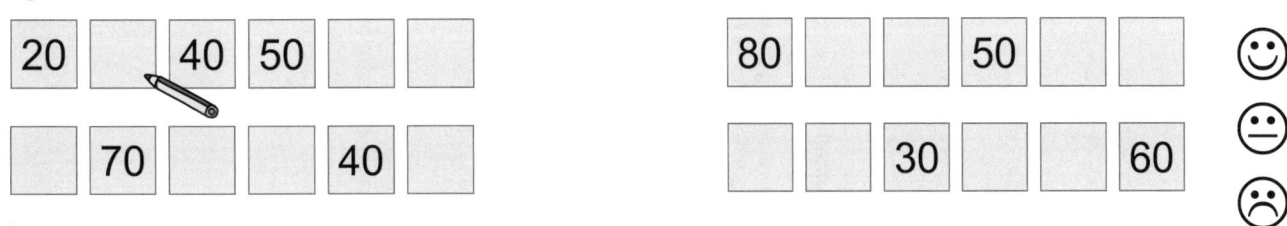

❹ Zeichne zu jeder Aufgabe das passende Rechenbild und löse sie.

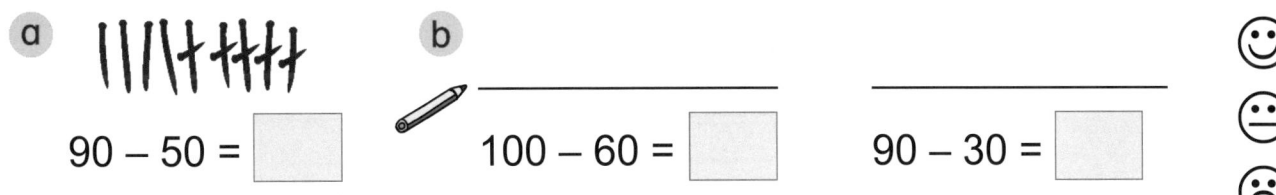

❺ Löse die Aufgaben mithilfe der verwandten Aufgaben (kleinen Aufgaben).

7 + 3 = ☐   5 + 2 = ☐   8 − 3 = ☐   9 − 6 = ☐

70 + 30 = ☐   50 + 20 = ☐   80 − 30 = ☐   90 − 60 = ☐

Wie kann ich die Aufgabe lösen?
☺ kann ich gut lösen; 😐 kann ich nur zum Teil gut lösen; ☹ kann ich nicht lösen

Diagnosebogen zu den Tests zum Themenheft 4

HRU: Allgemeine Hinweise, Anregungen für den Unterricht, individuelle Förderung, Arbeit im Plenum S. 184–194
Kompetenzraster Kom Ü1–Ü2; Kompetenzbögen Kom 4a–4d; Beobachtungsbögen BB 4a–4b; Tests 4a–4e; Lehrerkopiervorlagen (LKV) 47–60
Kopiervorlagen (KV) 124–189
Lernsoftware Interaktive Übungen: „Plusaufgaben mit Zehnerübergang", „Minusaufgaben mit Zehnerübergang", „Übungen zu Plus und Minus", „Sachrechnen"

s = sicher; ü = überwiegend sicher; t = teilweise; n = noch nicht

.... kann	s	ü	t	n	Förderhinweise; Forderhinweise*/Verwendung von Material	KV/LKV
Test 4 a)						
❶ Strategien für vorteilhaftes Rechnen anwenden und Rechenvorteile nutzen durch Nachbaraufgaben von Verdopplungsaufgaben					• Eigenschaften von Nachbaraufgaben (Verdopplungsaufgaben) zum vorteilhaften Rechnen beschreiben und nutzen • bildliche Darstellungen von Additionsaufgaben als Punktebilder sowie Wendeplättchen und Zwanzigerfeld (Kartonbeilagen) nutzen • Lernsoftware: „Plusaufgaben mit Zehnerübergang" • selbst passende Beispielaufgaben sammeln und vorstellen* • TH 4/6*	KV 124, KV 125, KV 126, KV 127, KV 128, KV 222, KV 129*, KV 133*, LKV 48, LKV 47*, LKV 50*
❷ Strategien für vorteilhaftes Rechnen anwenden und Rechenvorteile nutzen durch Nachbaraufgaben von 10-plus-Aufgaben					• Eigenschaften von Nachbaraufgaben (10-plus-Aufgaben) zum vorteilhaften Rechnen beschreiben und nutzen • bildliche Darstellungen von Additionsaufgaben als Punktebilder sowie Wendeplättchen und Zwanzigerfeld (Kartonbeilagen) nutzen • Lernsoftware: „Plusaufgaben mit Zehnerübergang" • selbst passende Beispielaufgaben sammeln und vorstellen* • TH 4/6*	KV 132, KV 222, KV 133*, LKV 47, LKV 48, LKV 50*
❸ Plusaufgaben über den Zehner durch Zerlegen des zweiten Summanden, Ergänzen bis zum Zehner und Addieren des Restes lösen					• mit Wendeplättchen auf dem Zwanzigerfeld legen sowie Zahlenkarten und Rechenzeichen (Kartonbeilagen) zuordnen • Kopfrechenübungen zum Ergänzen zur 10 sowie zum Zerlegen durchführen • Lernsoftware: „Plusaufgaben mit Zehnerübergang" • TH 4/11*, TH 4/12*	KV 130, KV 131, KV 134, KV 135, KV 227, KV 133*, KV 136*, LKV 47, LKV 49, LKV 50*

Test 4 b)

Lernziel	Aktivitäten	KV
❶ Strategien für vorteilhaftes Rechnen anwenden und Rechenvorteile nutzen durch Nachbaraufgaben von Halbierungsaufgaben	• Eigenschaften von Nachbaraufgaben (Halbierungsaufgaben) zum vorteilhaften Rechnen anwenden und nutzen • bildliche Darstellungen von Subtraktionsaufgaben als Punktebilder sowie Wendeplättchen und Zwanzigerfeld (Kartonbeilagen) verwenden • Lernsoftware: „Minusaufgaben mit Zehnerübergang" • selbst passende Beispielaufgaben sammeln und vorstellen* • TH 4/15*	KV 137, KV 138, KV 139, KV 140, KV 222 KV 141*, KV 142*, KV 146* LKV 48, LKV 51 LKV 50*
❷ Strategien für vorteilhaftes Rechnen anwenden und Rechenvorteile nutzen durch Nachbaraufgaben von Minus-10-Aufgaben	• Eigenschaften von Nachbaraufgaben (Minus-10-Aufgaben) zum vorteilhaften Rechnen beschreiben und nutzen • bildliche Darstellungen von Subtraktionsaufgaben als Punktebilder sowie Wendeplättchen und Zwanzigerfeld (Kartonbeilagen) verwenden • Lernsoftware: „Minusaufgaben mit Zehnerübergang" • selbst passende Beispielaufgaben sammeln und vorstellen* • TH 4/15*	KV 145, KV 222 KV 146* LKV 48, LKV 51 LKV 50*
❸ Minusaufgaben über den Zehner durch Zerlegen des Subtrahenden, Rechnen bis zum Zehner und Subtrahieren des Restes lösen	• mit Wendeplättchen auf dem Zwanzigerfeld legen sowie Zahlenkarten und Rechenzeichen (Kartonbeilagen) zuordnen • Kopfrechenübungen zum Subtrahieren zur 10 sowie zum Zerlegen durchführen • Lernsoftware: „Minusaufgaben mit Zehnerübergang" • TH 4/20*, TH 4/21*	KV 143, KV 144, KV 147, KV 148, KV 227 KV 146*, KV 149* LKV 49, LKV 51 LKV 50*

Test 4 c)

Lernziel	Aktivitäten	KV
❶ Aufgabenfamilien bilden und lösen	• Aufgabenfamilien durch Legen mit Zahlenkarten bilden; die Rechenzeichen sind vorgegeben • Lernsoftware: „Aufgabenfamilien bilden" • eine Sammlung von je drei Zahlenkarten zusammenstellen, aus denen Aufgabenfamilien gebildet werden können*	KV 151, KV 152, KV 224 KV 153* LKV 52
❷ Plus- und Minusaufgaben, die über den Zehner gehen, lösen	• Aufgaben mit Zahlenkarten und Rechenzeichen (Kartonbeilagen) zuordnen • Plus- und Minusaufgaben auf der Kartonbeilage Rechenkärtchen lösen und überprüfen • Lernsoftware: „In Tabellen rechnen"* • TH 4/28*	KV 150, KV 151, KV 152, KV 158, KV 159, KV 164, KV 165, KV 166, KV 167, KV 168, KV 169, KV 170, KV 171 KV 154*, KV 155*, KV 156*, KV 157*, KV 161*, KV 162*, KV 163*, KV 180* LKV 48, LKV 49, LKV 50

... kann	s	ü	t	n	Förderhinweise; Forderhinweise*/Verwendung von Material	KV/LKV
❸ Zahlenmauern verstehen und lösen					• Aufbau und Zusammenhänge von Zahlenmauern beschreiben und diese lösen • Zusammenhänge zwischen geraden und ungeraden Zahlen in Rechenmauern entdecken • Lernsoftware: „Zahlenmauern lösen" • Auswirkungen der unterschiedlichen Anordnung der Basissteine entdecken und begründen*	KV 233, KV 172*, KV 173*, KV 176*, KV 177*, KV 178*, KV 179* LKV 54
Test 4 d)						
❶ zu in Bildern dargestellten Sachsituationen die passenden Additions- bzw. Subtraktionsaufgaben finden und lösen					• Bildern mit Vorgängen jeweils die Rechenzeichen „+" und „–" (Kartonbeilagen) zuordnen • Aufgaben mit Zahlenkarten und Rechenzeichen (Kartonbeilagen) Rechengeschichten oder Abbildungen zuordnen • Lernsoftware: „Sachaufgaben rechnen" • TH 4/43*	KV 181, KV 182 KV 184* LKV 55, LKV 56
❷ Rechengeschichten erfinden, malen und in eine passende Rechenaufgabe übertragen und lösen					• zu den Rechenzeichen „+" und „–" (Kartonbeilagen) passende Tätigkeiten und passende Geschichten erfinden • zu Plusaufgaben und Minusaufgaben Rechengeschichten erfinden, diese aufschreiben oder als Bild darstellen • Lernsoftware: „Sachaufgaben rechnen" • eine Sammlung von Plusaufgabengeschichten und Minusaufgabengeschichten anlegen* • TH 4/43*	KV 181, KV 182 KV 174*, KV 175*, KV 183*, KV 184*, KV 185*, KV 186*, KV 187* LKV 58 LKV 57*
❸ Rechengeschichten die passenden Aufgaben zuordnen					• Rechengeschichten als Bild darstellen • Aufgaben mit Zahlenkarten und Rechenzeichen (Kartonbeilagen) Rechengeschichten zuordnen • Lernsoftware: „Sachaufgaben rechnen" • TH 4/43*	KV 181, KV 182 KV 174*, KV 175*, KV 183*, KV 184*, KV 185*, KV 186*, KV 187* LKV 57
Test 4 e)						
❶ zu Punktebildern, Zehnerstreifen und Zehnerstrichen Zehnerzahlen als Zahlen und Zahlwörter benennen					• mit konkretem Material (Zehnerstreifen, Steckwürfeltürme, Zehnerstangen u. a.) handeln • auf die bildliche Ebene (Zehnerstriche) und symbolische Ebene (Zehnerzahlen und Zeichen) übertragen • mit Zahlenkarten (Kartonbeilagen) legen • Zehnerzahlen als Zahlwörter schreiben und umgekehrt • TH 4/47*, TH 4/50*	KV 188 LKV 59, LKV 60

❷ Zehnerzahlen vergleichen	• mit konkretem Material (Zehnerstreifen, Steckwürfeltürme, Zehnerstangen u. a.) handeln • auf die bildliche Ebene (Zehnerstriche) und symbolische Ebene (Zehnerzahlen und Zeichen) übertragen • mit Zahlenkarten und Relationszeichen (Kartonbeilagen) legen	KV 189 LKV 59, LKV 60
❸ Folgen von Zehnerzahlen erkennen und vervollständigen	• mit Zahlenkarten (Kartonbeilagen) legen • auf dem Boden gelegte oder gemalte Folge von Zehnerzahlen vor- und rückwärts ablaufen • Kinder stellen sich mit Zahlenkarten der Zehnerzahlen geordnet auf	KV 189 LKV 59, LKV 60
❹ Subtraktionsaufgaben mit Zehnerzahlen als Rechenbild zeichnen und die Aufgaben lösen	• die Kenntnisse zur Subtraktion auf das Rechnen mit Zehnerzahlen übertragen • Subtraktionsaufgaben mit Zehnerzahlen handelnd oder zeichnerisch lösen • mit Zahlenkarten und Rechenzeichen (Kartonbeilagen) legen • eigene Aufgaben zeichnen und rechnen*	LKV 59, LKV 60
❺ Zehnerzahlen durch Nutzung der „kleinen Aufgaben" addieren und subtrahieren	• Plus- und Minusaufgaben mit Zehnerzahlen mit Hilfe der verwandten Aufgaben („kleinen Aufgaben") lösen • eigene Aufgaben bilden und rechnen*	KV 59, KV 222

Test 5a: Geldwerte

1 Schreibe zu den Scheinen und Münzen den Geldwert.

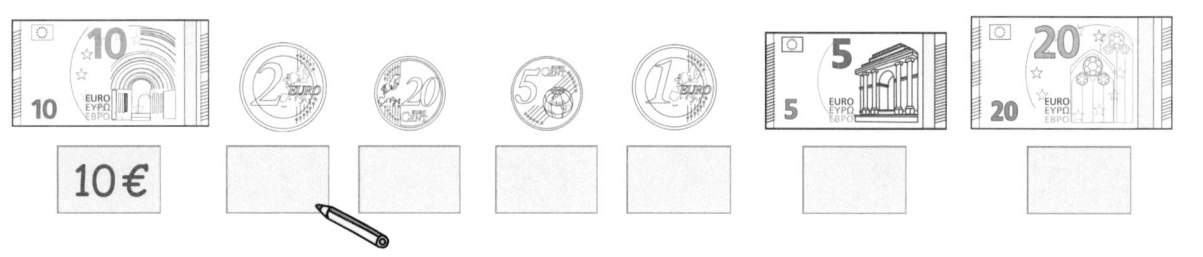

10 €

☺ ☺ ☹

2 Zähle das Geld.

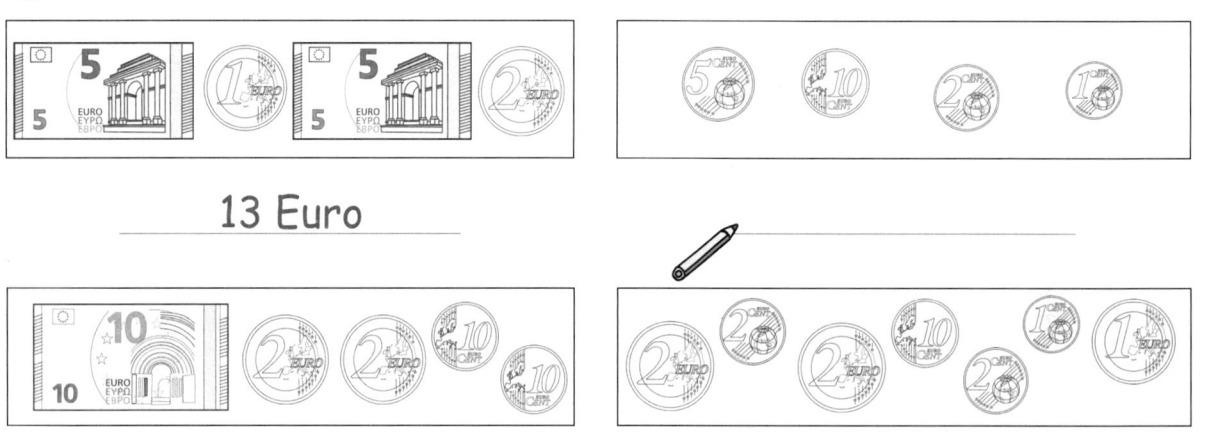

13 Euro

☺ ☺ ☹

3 Zeichne, wie du bezahlen kannst.

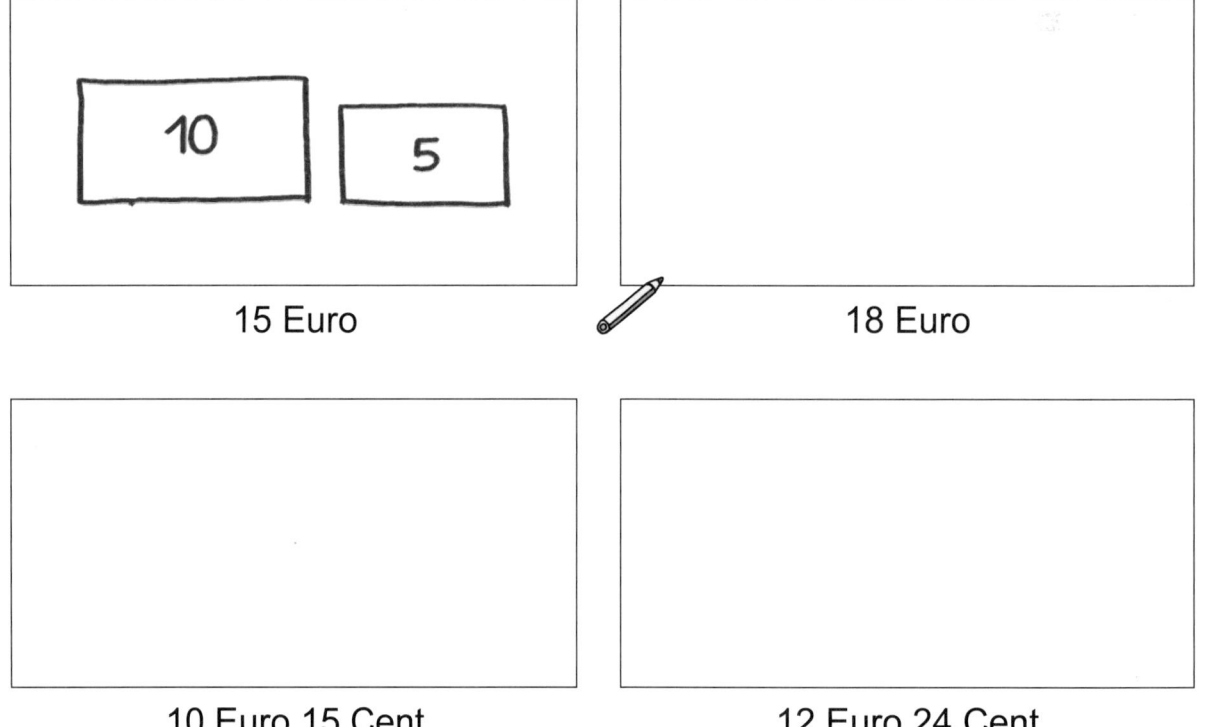

15 Euro

18 Euro

10 Euro 15 Cent

12 Euro 24 Cent

☺ ☺ ☹

Wie kann ich die Aufgabe lösen?
☺ kann ich gut lösen; ☺ kann ich nur zum Teil gut lösen; ☹ kann ich nicht lösen

Test 5b: Gesamtpreise, Rückgeld

1 Zeichne 3 Möglichkeiten, wie du 12 Euro bezahlen kannst.

12 Euro	12 Euro	12 Euro

2 Berechne den Gesamtpreis.

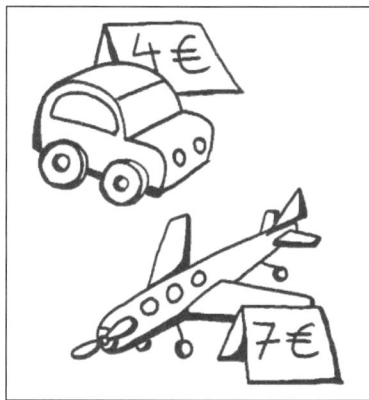  

kosten zusammen: kosten zusammen: kosten zusammen:

3 Berechne das Rückgeld.

Ich kaufe	Ich gebe	Ich kaufe	Ich gebe	Ich kaufe	Ich gebe

zurück: _____   zurück: _____   zurück: _____

Wie kann ich die Aufgabe lösen?
☺ kann ich gut lösen; ☺ kann ich nur zum Teil gut lösen; ☹ kann ich nicht lösen

Test 5c: Uhrzeiten, Tageszeiten

❶ Lies die Uhrzeit für die erste Tageshälfte ab.

2 Uhr _____ _____ Uhr _____ Uhr _____ Uhr

☺
😐
☹

❷ Lies die Uhrzeit für die zweite Tageshälfte ab.

16 Uhr _____ _____ Uhr _____ Uhr _____ Uhr

☺
😐
☹

❸ Zeichne die Zeiger passend ein.

13 Uhr   17 Uhr   21 Uhr   7 Uhr

☺
😐
☹

❹ Kreuze die passende Tageszeit an.

10 Uhr    ☐ Morgen   ☐ Vormittag   ☐ Mittag
                          ☐ Nachmittag   ☐ Abend   ☐ Nacht

15 Uhr    ☐ Morgen   ☐ Vormittag   ☐ Mittag
                          ☐ Nachmittag   ☐ Abend   ☐ Nacht

20 Uhr    ☐ Morgen   ☐ Vormittag   ☐ Mittag
                          ☐ Nachmittag   ☐ Abend   ☐ Nacht

1 Uhr    ☐ Morgen   ☐ Vormittag   ☐ Mittag
                         ☐ Nachmittag   ☐ Abend   ☐ Nacht

☺
😐
☹

Wie kann ich die Aufgabe lösen?
☺ kann ich gut lösen; 😐 kann ich nur zum Teil gut lösen; ☹ kann ich nicht lösen

Test 5d: Daten, Kombinationsmöglichkeiten

1 Trage die Namen passend in die Tabelle ein.

😊 😐 ☹️

2 Ergänze die Kinderbilder passend.

😊 😐 ☹️

3 Male an, wie Türme aus diesen drei Steckwürfeln aussehen können. Finde verschiedene Möglichkeiten.

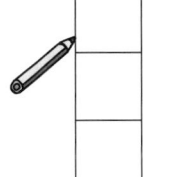 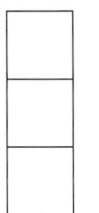  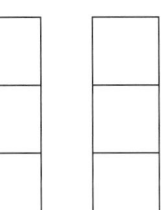 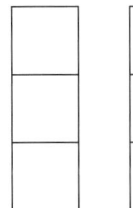 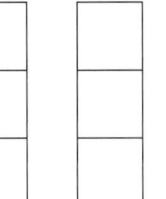 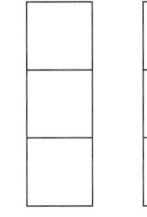 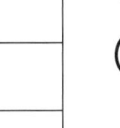

😊 😐 ☹️

Wie kann ich die Aufgabe lösen?
😊 kann ich gut lösen; 😐 kann ich nur zum Teil gut lösen; ☹️ kann ich nicht lösen

Test 5e: Symmetrische Figuren, Symmetrieachsen

❶ Umkreise alle symmetrischen Figuren.

☺
😐
☹

❷ Markiere bei Aufgabe **❶** die Teile der Figuren mit einem Kreuz (✗), die entfernt werden müssen, damit alle Figuren symmetrisch werden.

☺
😐
☹

❸ Zeichne die Halbierungslinien, Faltlinien oder Spiegelachsen ein.

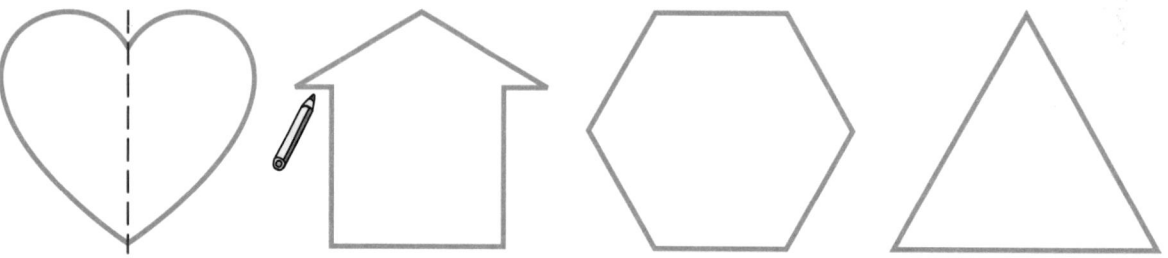

☺
😐
☹

❹ Ergänze die rechten Seiten so, dass symmetrische Figuren entstehen.

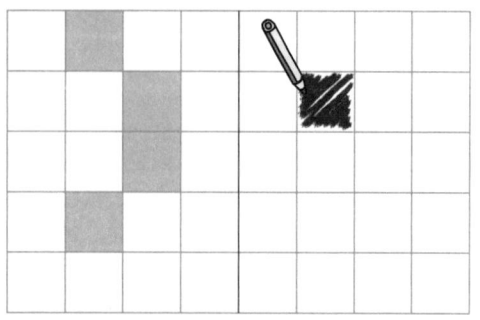 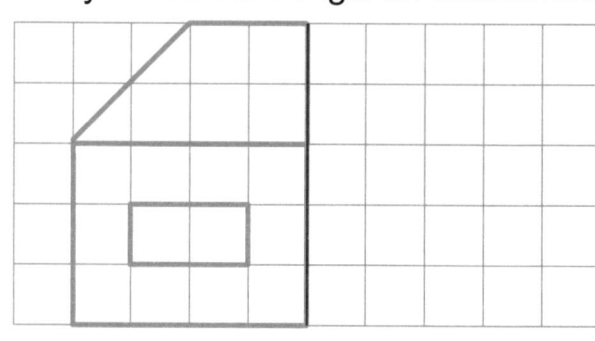

☺
😐
☹

Wie kann ich die Aufgabe lösen?
☺ kann ich gut lösen; 😐 kann ich nur zum Teil gut lösen; ☹ kann ich nicht lösen

Diagnosebogen zu den Tests zum Themenheft 5

HRU: Allgemeine Hinweise, Anregungen für den Unterricht, individuelle Förderung, Arbeit im Plenum S. 220–233
Kompetenzraster Kom Ü1–Ü2; Kompetenzbögen Kom 5a–5c; Beobachtungsbögen BB 5a–5d; Tests 5a–5e; Lehrerkopiervorlagen (LKV) 61–89
Kopiervorlagen (KV) 190–213
Lernsoftware Interaktive Übungen: „Geld", „Uhrzeiten", „Daten sammeln", „Kombinatorik", „Symmetrische Figuren"

s = sicher; **ü** = überwiegend sicher; **t** = teilweise; **n** = noch nicht

.... kann	s	ü	t	n	Förderhinweise; Förderhinweise*/Verwendung von Material	KV/LKV
Test 5 a)						
❶ Münzen und Scheinen des Euro den Geldwert zuordnen					• Scheine und Münzen (Geld und Kartonbeilage Rechengeld) betrachten und nach „Euro" und „Cent" sortieren • Vorder- und Rückseite der Scheine und Münzen passend zuordnen • Wert der Scheine und Münzen ablesen, benennen und in Kurzform notieren • Lernsoftware: „Geldbeträge zählen" * • alle Scheine und Münzen zusammenstellen*	
❷ Gesamtbetrag von Geldbeträgen mit Münzen und Scheinen ermitteln					• Gesamtbetrag mehrerer gelegter Scheine und Münzen ermitteln, benennen und in Kurzform notieren • mit Rechengeld (Kartonbeilage) nachlegen • Lernsoftware: „Geldbeträge zählen" • selbst verschiedene Geldbeträge legen und notieren (auch als Partnerspiel)*	KV 190 LKV 61
❸ Geldbeträge zusammenstellen und darstellen					• Geldbeträge mit Rechengeld (Kartonbeilage) legen • Lernsoftware: „Geldbeträge zählen", „Geldbeträge vergleichen"* • weitere Möglichkeiten finden, diese Geldbeträge zu legen oder zu zeichnen*	KV 190, KV 191, KV 192, KV 193 KV 194* LKV 64
Test 5 b)						
❶ Geldbetrag unterschiedlich zusammenstellen und darstellen					• Geldbetrag mit Rechengeld (Kartonbeilage) verschieden legen und dann zeichnen • Geldbetrag rechnerisch ermitteln • Lernsoftware: „Geldbeträge zählen", „Geldbeträge vergleichen"* • weitere Möglichkeiten finden, diese Geldbeträge zu legen oder zu zeichnen, auch mit möglichst vielen/möglichst wenigen Scheinen/Münzen* • TH 5/13*, TH 5/16*	KV 190, KV 191, KV 192, KV 193 KV 194* LKV 64, LKV 65, LKV 66
❷ Gesamtpreis berechnen					• Gesamtpreis mit Rechengeld (Kartonbeilage), zeichnerisch und rechnerisch ermitteln • Lernsoftware: „Mit Geld rechnen" • Rechengeschichten zu weiteren Aufgaben finden und diese lösen (auch als Partnerspiel)* • TH 5/14*, TH 5/16*	KV 194* LKV 62, LKV 63, LKV 65, LKV 66 LKV 70*

...... kann	s	ü	t	n	Förderhinweise; Forderhinweise*/Verwendung von Material	KV/LKV
❸ Rückgeld ermitteln					• Rückgeld mit Rechengeld (Kartonbeilage) in Einkaufssituationen spielerisch, zeichnerisch und rechnerisch ermitteln • Lernsoftware: „Mit Geld rechnen" • weitere Einkaufssituationen spielen* • TH 5/18*, TH 5/20*, TH 5/23*	KV 195 LKV 67, LKV 68, LKV 69 LKV 70*
Test 5 c)						
❶ Uhrzeiten in vollen Stunden für die erste Tageshälfte ablesen					• Uhrzeiten an Spieluhren oder auf der Kartonbeilage Uhr einstellen und ablesen • Tätigkeiten aus dem Tagesablauf der Kinder zuordnen • Uhren-Domino (z. B. KV 203) oder Uhren-Memory anfertigen und spielen • Lernsoftware: „Uhrzeit bestimmen" • weitere Uhrzeiten als Partnerübung einstellen und ablesen* • TH 5/30*	KV 196, KV 197, KV 201, KV 202, KV 203 KV 204* LKV 71, LKV 73, LKV 75 LKV 74*
❷ Uhrzeiten in vollen Stunden für die zweite Tageshälfte ablesen					• Uhrzeiten an Spieluhren oder auf der Kartonbeilage Uhr einstellen und ablesen • Tätigkeiten aus dem Tagesablauf der Kinder zuordnen • Uhren-Domino (z. B. KV 203) oder Uhren-Memory anfertigen und spielen • Lernsoftware: „Uhrzeit bestimmen" • weitere Uhrzeiten als Partnerübung einstellen und ablesen*	KV 196, KV 199, KV 201, KV 202, KV 203 KV 204* LKV 72, LKV 73, LKV 75 LKV 74*
❸ Zeigerstellung von Uhrzeiten in vollen Stunden einzeichnen					• Uhrzeiten an Spieluhren oder auf der Kartonbeilage Uhr einstellen und dann auf leeren Zifferblättern einzeichnen • Tätigkeiten aus dem Tagesablauf der Kinder zuordnen • Uhren-Domino (z. B. KV 203) oder Uhren-Memory anfertigen und spielen • Lernsoftware: „Uhrzeit bestimmen" • weitere Uhrzeiten als Partnerübung nennen und einstellen bzw. einzeichnen*	KV 196, KV 198, KV 200, KV 202 LKV 75
❹ zu Uhrzeiten die passende Tageszeit zuordnen					• den Uhrzeiten Tätigkeiten aus dem Tagesablauf der Kinder zuordnen • die Uhrzeiten in den gesamten Tagesablauf einordnen und ihnen Tageszeiten zuordnen • Lernsoftware: „Uhrzeit bestimmen" • weitere Tätigkeiten mit Uhrzeiten nennen und die entsprechenden Tageszeiten zuordnen* • TH 5/30*	LKV 71, LKV 72, LKV 73, LKV 74, LKV 75

Test 5 d)

Nr.	Ziel	Inhalte	Material
❶	Bildern Informationen entnehmen und in eine Tabelle eintragen	• über die angegebenen Merkmale der Kinder sprechen und sie in einer Tabelle erfassen • über verschiedene Merkmale bei Kindern in der Klasse sprechen und diese in Tabellen erfassen • Lernsoftware: „Daten entnehmen", „Häufigkeit feststellen" • Merkmale aus komplexeren Bildern entnehmen* • Strichlisten zu Informationen anlegen* • TH 5/33*, TH 5/34*	KV 205 LKV 76 LKV 77*, LKV 78*, LKV 79*
❷	einer Tabelle Informationen entnehmen und Bilder ergänzen	• über die angegebenen Merkmale in der Tabelle sprechen und sie auf die Kinder übertragen • über weitere Merkmale sprechen • Lernsoftware: „Daten entnehmen", „Häufigkeit feststellen" • selbst erstellte Tabellen und die entsprechenden Sachverhalte vorstellen*	KV 205 LKV 76 LKV 77*, LKV 78*, LKV 79*
❸	Kombinationsmöglichkeiten zeichnerisch finden	• Türme aus Steckwürfeln in drei Farben bauen und diese dann zeichnen • Kombinationen aus Kleidungsstücken, Stiften, Eiskugeln, Würfeln u. a. bilden • Lernsoftware: „Möglichkeiten finden" • Strategien für das Zusammenstellen von Kombinationsmöglichkeiten entwickeln und vorstellen* • TH 5/40*	KV 206 LKV 80, LKV 81, LKV 82

Test 5 e)

Nr.	Ziel	Inhalte	Material
❶	symmetrische Figuren erkennen und umkreisen	• Gegenstände oder Figuren auf die Eigenschaft Symmetrie durch Falten oder mit dem Spiegel prüfen • bei nicht symmetrischen Figuren die Stellen finden, die die Symmetrie „stören" • Lernsoftware: „Symmetrische Figuren finden" • Fotos von symmetrischen Häusern, Toren, Gegenständen u. a. finden und vorstellen* • TH 5/42*, TH 5/43*	KV 209, KV 210, KV 212, KV 213 LKV 83, LKV 84 LKV 87*, LKV 88*, LKV 89*
❷	durch Entfernen von Details nicht symmetrische Figuren zu symmetrischen Figuren machen	• Figuren auf die Eigenschaft Symmetrie durch Falten oder mit dem Spiegel prüfen, dann auch durch Betrachten • bei nicht symmetrischen Figuren die Stellen finden, die die Symmetrie „stören", und markieren • Lernsoftware: „Symmetrische Figuren finden"	LKV 83 LKV 87*, LKV 88*, LKV 89*
❸	Symmetrieachsen einzeichnen	• Figuren auf die Eigenschaft Symmetrie durch Falten, mit dem Spiegel oder durch Betrachten prüfen, dann Symmetrieachsen einzeichnen • Lernsoftware: „Symmetrische Figuren finden" • Symmetrieachsen in weitere Figuren eintragen*	KV 207, KV 208 LKV 84, LKV 87, LKV 88, LKV 89

.... kann	s	ü	t	n	Förderhinweise; Forderhinweise*/Verwendung von Material	KV/LKV
❹ vorgegebene Figuren zu symmetrischen Figuren ergänzen					• gedanklich die vorhandene Hälfte der Figuren auf die andere Seite klappen, dann die zu ergänzenden Kästchen ausmalen • mit Formenplättchen (Kartonbeilage) oder auf dem Geobrett symmetrische Figuren legen bzw. ziehen und ergänzen • Lernsoftware: „Symmetrische Figuren finden" • „halbe" Figuren in Partnerarbeit vervollständigen* • TH 5/46*, TH 5/47*, TH 5/50*	KV 211, KV 212, KV 213, LKV 85, LKV 86